prima A2

Deutsch für Jugendliche

Band 3

Friederike Jin
Lutz Rohrmann

prima A2 / Band 3
Deutsch für Jugendliche

Im Auftrag des Verlages erarbeitet von
Friederike Jin und Lutz Rohrmann
Kleine und Große Pause: Grammatiki Rizou

Projektleitung: Gunther Weimann
Redaktion: Lutz Rohrmann und Jitka Staňková

Beratende Mitwirkung: Jarmila Antošová, Panagiotis Gerou, Violetta Katiniene,
Grammatiki Rizou, Ildiko Soti, Milena Zbranková

Illustrationen: Lukáš Fibrich
Bildredaktion: Věra Frausová
Layout und technische Umsetzung: Milada Hartlová
Umschlaggestaltung: werkstatt für gebrauchsgrafik, Berlin

Weitere Materialien:
Arbeitsbuch mit Audio-CD: ISBN 978-3-06-020076-4
Audio-CD zum Schülerbuch: ISBN 978-3-06-020077-1
Handreichungen für den Unterricht: ISBN 978-3-06-020171-6

www.cornelsen.de

Die Links zu externen Webseiten Dritter, die in diesem Lehrwerk angegeben sind, wurden vor
Drucklegung sorgfältig auf ihre Aktualität geprüft. Der Verlag übernimmt keine Gewähr für
die Aktualität und den Inhalt dieser Seiten oder solcher, die mit ihnen verlinkt sin.

1. Auflage, 4. Druck 2013

Alle Drucke dieser Auflage sind inhaltlich unverändert und können im Unterricht nebeneinander
verwendet werden.

Druck: Stürtz GmbH, Würzburg

ISBN 978-3-06-020075-7

 Inhalt gedruckt auf säurefreiem Papier aus nachhaltiger Forstwirtschaft.

Das ist prima

prima 3 ist der dritte Band eines Deutschlehrwerks für Jugendliche ohne Deutsch-Vorkenntnisse. Prima orientiert sich eng am Gemeinsamen europäischen Referenzrahmen. Band 1 und 2 führen zur Niveaustufe A1, Band 3 und 4 zu A2, der fünfte Band zu B1 und der sechste zu B2.
prima macht Schritt für Schritt mit der deutschen Sprache vertraut und regt von Anfang an zum Sprechen an.

Das **Schülerbuch** prima 3 enthält sieben Einheiten, eine „Kleine Pause" und eine „Große Pause" sowie eine Wortliste im Anhang.
Die **Einheiten** bestehen jeweils aus acht Seiten. Die erste bilderreiche Seite führt zum Thema einer Einheit hin. Es folgen sechs Seiten mit Texten, Dialogen und vielen Aktivitäten, die die Fertigkeiten Hören, Sprechen, Lesen und Schreiben und die Aussprache systematisch entwickeln. Im Sinne des europäischen Sprachenportfolios schreiben die Schüler und Schülerinnen auch regelmäßig über sich selbst und ihre Erfahrungen.
Die grünen Merkkästen **„Land und Leute"** vermitteln aktuelle Landeskunde über die deutschsprachigen Länder. Die orangenen Kästen **„Denk nach"** helfen dabei sprachliche Strukturen selbst zu erkennen.
Die letzte Seite einer Einheit, **„Das kannst du"**, fasst das Gelernte zusammen.
Die **„Kleine Pause"** nach Einheit 3 und die **„Große Pause"** nach Einheit 7 wiederholen den Lernstoff spielerisch.
Im **Anhang** gibt es eine alphabetische Wortliste mit den jeweiligen Fundstellen.

Das **Arbeitsbuch** mit integrierter Lerner-Audio-CD unterstützt die Arbeit mit dem Schülerbuch durch umfangreiches Übungsmaterial. Zur schnellen Orientierung findet man zu jedem Lernabschnitt im Schülerbuch unter der gleichen Nummer im Arbeitsbuch ein passendes Übungsangebot.
Im **Fitnesscenter Deutsch** gibt es dazu noch übergreifende Hör- und Lesetexte und spielerische Angebote. Am Ende der Arbeitsbucheinheiten können die Lernenden in **„Einen Schritt weiter** – Was kann ich jetzt" ihren Lernfortschritt selbstständig überprüfen und auf der letzten Seite finden sie den **Lernwortschatz** der Einheit nach Lernabschnitten geordnet.

Die **Audio-CDs zum Schülerbuch** enthalten die Dialoge, Hörtexte und die Übungen zur Aussprache.

Unter **www.cornelsen.de** gibt es für die Arbeit mit prima Zusatzmaterialien, Übungen und didaktische Tipps sowie interessante Links.

Wir wünschen Ihnen viel Spaß
und Erfolg beim Deutschlernen mit

Inhalt

Wie war's in den Ferien? 1

Das lernst du

★ Sagen, wie die Ferien waren
★ Von Ferienerlebnissen erzählen
★ Über das Wetter sprechen
★ Über die Vergangenheit sprechen (4)

Wir sind mit dem Auto nach Wien gefahren.

Das Wetter war super. Wir haben den ganzen Tag geschwommen.

Wir haben viel gesehen.

Wir sind zu meinem Onkel und meiner Tante nach Brasilien geflogen.

Wir waren im Süden von Spanien, in Alicante.

Norden

Nw   No

Westen   Osten

Sw   So

Süden

1 Von den Ferien erzählen

CD 2

a Hör zu. Welche Fotos von Seite 5 passen zu den Jugendlichen?

Konstantin

Sabrina

Eva

Sandra

Joscha

b Positiv oder negativ? Ordne die Ausdrücke. Kannst du weitere ergänzen?

gigantisch	Ich war sehr müde.	voll cool	Wir hatten einen tollen Blick!
(total) blöd	stinklangweilig	Da war nichts los!	Ich war total deprimiert.
super	romantisch	schrecklich	Da war richtig was los!	langweilig
toll	nervig	tolle Stadt	gemütlich
wunderbar	nicht schlecht	scheußlich

positiv ☺   negativ ☹
gigantisch

c Hör noch einmal.
Wer sagt das? Ordne zu.

Sabrina: Da war richtig was los!

Denk nach

Possessivartikel im Dativ
mein/dein/sein/ihr
unser/euer/ihr/Ihr

mit mein**em** Bruder
mit unser**em** Auto
mit mein**er** Schwester
mit eur**en** Freunden

---

2 Mit wem?

Lies das „Denk nach" und ergänze die Sätze.

1. Sie ist mit ihr... Schwester zu ihr... Tante und ihr... Onkel geflogen.
2. Wir haben bei unser... Freunde... übernachtet.
3. Ich war mit mein... Freund auf dem Campingplatz.
4. Er war bei sein... Vater in Hamburg.
5. Seid ihr mit eur... Auto gefahren?

3 Vermutungen

Was haben sie vielleicht gemacht? Wähl eine Person aus und schreib vier Sätze.

Ich glaube, Joscha …	hat … gesehen	hat … gegessen	ist … gefahren
Vielleicht …	hat … getanzt	hat … gemacht	ist … geblieben
Wahrscheinlich …	hat … geschwommen	hat … getroffen	ist … geflogen

Ich glaube, Konstantin hat mit seinen Eltern eine Städtetour gemacht. Vielleicht sind sie mit ihrem Auto nach Wien gefahren. Er hat wahrscheinlich viele Kirchen gesehen. Das war langweilig für ihn…

4 Klima und Wetter

a Wie ist das Wetter bei euch? Wann regnet es? Wann ist es warm? Wann ist es kalt?

der Regen
Es regnet.

die Sonne
Die Sonne scheint.
Es ist heiß.

der Schnee
Es schneit.
Es ist kalt.

Im April
regnet es viel.

Im Januar gibt es viel Schnee und
manchmal scheint die Sonne.

Es ist meistens
sehr kalt.

Im Sommer ist
es sehr trocken.

b Glück und Pech mit dem Wetter – Schreib Sätze ins Heft.

	Sie hatten	viel	Sonne.
Sie hatten Glück mit dem Wetter.		wenig	Regen.
		keine/n	Schnee.
	Es hat	stark	geregnet.
Sie hatten Pech mit dem Wetter.		ein bisschen	geschneit.
		überhaupt nicht	
	Die Sonne hat	immer	geschienen.
		manchmal	
		nie	

5 Deine Ferien

Bring Fotos oder Postkarten mit oder mal ein Bild. Erzähle von deinen Ferien.

Wo warst du? Mit wem?
Was hast du gemacht?
Wie war das?
Wie war das Wetter?

6 Mein erster Viertausender: Der Mönch

Lies den Blog und ordne die Fotos zu.

Biggis Weblog

| **Ich** | **Fotos** | **Kontakt** | **Suchen** |

Foto A passt zu Textteil 1, das ist bestimmt die Zahnradbahn.

1. Um 12 Uhr war Treffpunkt am Bahnhof in Grindelwald. Alle waren pünktlich da. Wir, das sind David, Jan, Keiko, Konstantin, Maria, Kathy, Lucia und ich. Wir kommen aus sechs verschiedenen Ländern, aber alle sprechen ganz gut Deutsch. Beat, Jürg und Urs sind unsere Bergführer. Sie kommen natürlich aus der Schweiz. Wir haben die Zahnradbahn auf das Jungfraujoch genommen. 1½ Stunden den Berg hinauf durch Eis und Schnee.

2. Um kurz vor zwei sind wir auf dem Jungfraujoch (3454 m) angekommen. Da hatten wir einen fantastischen Blick auf den Mönch. Das ist unser Berg. Er ist 4107 Meter hoch und sieht toll aus. Morgen wollen wir auf den Mönch steigen.
Am Jungfraujoch gibt es ein Berggasthaus, es heißt „Top of Europe". Da haben wir eine Cola getrunken und etwas gegessen.

3. Um kurz nach fünf sind wir zur Mönchsjochhütte gegangen (45 Minuten). Der Hüttenwirt hat uns begrüßt und die Betten gezeigt. Alles ist ganz einfach, aber das Abendessen war gut. Danach haben wir noch ein bisschen Karten gespielt, aber wir sind nicht lange aufgeblieben.

Foto D, das ist der Mönch. Das passt zu Textteil 2.

4. Um 5 Uhr sind wir aufgestanden, um halb sechs haben wir gefrühstückt und dann alles eingepackt, und um 6 Uhr sind wir losgegangen. Die Rucksäcke waren schwer, 10–12 kg! Immer bergauf, über Felsen und Schnee. Nach zwei Stunden ist es passiert: Laura ist hingefallen. Sie war müde und ihre Füße haben wehgetan. „Ich kann nicht mehr", hat sie gejammert. Da hatten wir ein Problem. Aber Beat hatte eine Idee. Er hat gesagt, sie muss weitergehen, dann kann sie sich etwas wünschen. Laura hat Beat einen Wunsch geflüstert, er hat genickt und dann ist sie wieder aufgestanden und weitergegangen. Was hat sie gesagt? Keine Ahnung. Beide haben es nicht verraten. Wir sind weitergegangen und schon eine Stunde später waren wir oben auf dem Gipfel. Echt cool! 4107 Meter. Wir haben viel fotografiert. Dann sind wir wieder zurück ins Tal gegangen.

5. Abends auf dem Campingplatz in Grindelwald war noch eine andere Jugendgruppe. Da war richtig was los, erst haben wir viel erzählt, dann haben wir Musik gemacht und getanzt, Laura hat den ganzen Abend mit Beat getanzt. Lucia und ich glauben, sie ist mit Absicht hingefallen.

CD 3

b Hör die Dialoge und ordne sie zu.

in der Zahnradbahn
im Bahnhof in Grindelwald

in der Mönchsjochhütte
auf der Bergtour
abends auf dem Campingplatz

Dialog 1 ist im Restaurant „Top of Europe", auf dem Jungfraujoch.

c Schreibt Quiz-Fragen zum Text. Schließt das Buch. Fragt und antwortet. Wer weiß am meisten?

Land und Leute

Die Schweiz hat 7,35 Mio. Einwohner und liegt zu großen Teilen in den Alpen, zwischen Deutschland im Norden, Österreich im Osten, Italien im Süden und Frankreich im Westen. 80% der Schweiz sind Berge. Die Hauptstadt der Schweiz ist Bern. Knapp zwei Autostunden von Bern entfernt liegen die Berge Eiger (3970 m), Mönch (4107 m) und Jungfrau (4158 m). Die Region gehört zum Weltnaturerbe der UNESCO. Der Große Aletschgletscher beginnt hier. Er ist 24 km lang.

Bern
Zytgloggeturm

Aletschgletscher

7 Phonetik – Wortakzent bei Verben mit Vorsilben

CD 4 **a Schreib die Verben ins Heft. Hör zu und markiere den Wortakzent. Wie heißt die Regel?**

mitkommen • aufbleiben • ankommen • losgehen • einpacken • begrüßen • verstehen • verraten

Trennbare Verben haben den Wortakzent auf der *ersten/zweiten* Silbe.

CD 5 **b Trennbar oder nicht? Wo ist der Wortakzent? Hör zu und kreuze an.**

	1	2	3	4	5	6
trennbar						
nicht trennbar						

8 Partizipien

a Such die Partizipien aus dem Weblog auf Seite 8–9 heraus, ergänze den Infinitiv und mach eine Tabelle.

Denk nach

ge-...	...ge-...	ver-, er-, be- und -ieren: kein ge
machen – gemacht	aufpassen – aufgepasst	besichtigen – besichtigt
...	...	passieren – passiert
nehmen – genommen	ankommen – angekommen	...
...	...	verraten – verraten
		...

b Notiere weitere Verben mit Partizip (vgl. Arbeitsbuch Seite 8.) Fragt euch gegenseitig.

Lernen lernen

Mit Karten und Rhythmus lernen
Partizipien sind wichtig. Schreib die Partizipien auf Karten und lerne sie in Gruppen. Auf der Vorderseite ist der Infinitiv, auf der Rückseite das Partizip + das Hilfsverb. Sprich die Partizipien im Rhythmus. Das macht Spaß und du kannst sie dir besser merken.

aufbleiben

passieren

ist aufgeblieben
Wir sind lange aufgeblieben.

ist passiert
Dann ist es passiert.

 9 Sprechen üben

CD 6 **Hör zu und sprich mit.**

Gruppe 1: ●•• – ●••(•)   aufpassen – hat aufgepasst
aufbleiben – ist aufgeblieben

Gruppe 2: •●• – •●•(•)   besuchen – hat besucht
verstehen – hat verstanden

10 Das Haus in der Schlossstraße 110

a Alle sind wieder zu Hause. Lies das Beispiel und betrachte das Haus. Wer ist das?

Meine Person ist eine Frau. Sie heißt Marie. Sie ist ungefähr 40 Jahre alt. Sie hat zwei Kinder, Lisa und Robin. Sie sind 13 und 14 Jahre alt. Der Mann von Marie heißt Peter. Er kann sehr gut kochen. Die Familie war in den Ferien auf einem Campingplatz in der Schweiz. Sie haben viel geschwommen und sind auf Berge geklettert. Jetzt müssen Lisa und Robin wieder zur Schule gehen und die Eltern müssen wieder arbeiten. Marie ist Architektin von Beruf und arbeitet sehr viel. Nach der Arbeit spielt sie gerne Tennis. Lisa ist sehr gut in Mathematik und Robin bastelt gerne Flugzeuge.

b Such dir eine Wohnung aus und stelle die Personen vor.

Name? Alter? Hobbys/Beruf? Wie sieht sie aus? Wie ist ihr Zimmer / ihre Wohnung? Wo war sie in den Ferien? Was mag sie? Was mag sie nicht? Was will sie heute Abend machen?

c Schreib einen Dialog zu der Situation in deiner Wohnung.

d Spielt den Dialog. Überlegt: Wie spielt ihr die Personen (freundlich, traurig, wütend ...)?

Mama, heute Abend macht Leonie eine Party ...

im dritten Stock

im zweiten Stock

im ersten Stock

im Erdgeschoss

Sagen, wie die Ferien waren

☺

Da war richtig was los.
Der Urlaub war wunderbar.
Die Disco war voll cool.

☹

Da war nichts los.
Die Ferien ohne meine Freunde waren langweilig.
Das Essen war schrecklich.

Über das Wetter sprechen

Wie ist das Wetter?
Wie war das Wetter (bei euch im Urlaub)?

Es regnet. Die Sonne scheint. Es ist kalt. Es ist heiß.
Wir hatten Glück/Pech mit dem Wetter.
Es hat viel/wenig/überhaupt nicht geregnet.
Die Sonne hat (nicht) geschienen.

Von Ferienerlebnissen erzählen

Wir sind mit dem Auto nach Wien gefahren und haben bei unseren Freunden übernachtet.
Wir haben viel gesehen. Es war super.

Außerdem kannst du …

… ein Internet-Blog über eine Reise verstehen.
… Partizipien mit Lernkarten und Rhythmus lernen.

Grammatik — kurz und bündig

Possessivartikel

	Singular		Plural
ich	mein-	wir	unser-
du	dein-	ihr	eu(e)r-
er/es	sein-	sie	ihr-
sie	ihr-	Sie	Ihr-

Artikel im Dativ

m	n	f	Plural
mit dem Bruder	**mit** dem Fahrrad	**mit** der Schwester	**mit** den Freunden
einem Bruder	einem Fahrrad	einer Schwester	— Freunden
meinem Bruder	meinem Fahrrad	meiner Schwester	meinen Freunden

Perfekt – Partizipien

trennbare Verben

	einkaufen, kauft ein	hat eingekauft
	mitkommen, kommt mit	ist mitgekommen

Verben mit ver-, er-, be-

	verkaufen	hat verkauft
(kein ge-!)	erzählen	hat erzählt
	bekommen	hat bekommen

Verben auf -ieren

	fotografieren	hat fotografiert
(kein ge-!)	passieren	ist passiert

Bei **ver-, er-, be-** und **–ieren**: kein **ge-** notieren!

Meine Pläne

Das lernst du

★ Hoffnungen und Wünsche äußern
★ Über Berufe sprechen
★ Etwas vermuten/berichten
★ Etwas begründen
★ Einen Plan machen
★ Über die Vergangenheit sprechen (5)

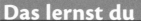

In 10 Jahren möchte ich einen guten Beruf haben und viel Geld verdienen.

Ich hoffe, dass ich dann glücklich bin.

Oliver

Eva

Ich möchte Arzt werden, weil ich anderen Menschen helfen möchte.

Träume

Was passt zu welcher Zeichnung auf Seite 13? Ordne zu.

1. reich werden
2. viel Geld verdienen
3. verheiratet sein
4. glücklich sein
5. viel arbeiten
6. berühmt sein
7. eine Villa mit Garten und Schwimmbad haben
8. viele Kinder haben
9. einen guten Beruf haben
10. viele Länder kennenlernen
11. anderen Menschen helfen
12. im Ausland arbeiten
13. ein Star sein
14. Profisportler/in werden
15. Schauspieler/in werden

 Ich glaube, dass ...

a Was sagen Eva und Oliver? Ergänze das Denk nach und schreib Sätze ins Heft.

1. Ich glaube, dass ... gerne Kinder mag.
2. Ich glaube, dass ... gerne Reisen macht.
3. Ich glaube, dass ... viel Geld braucht.
4. Ich glaube, dass ... gerne Fremdsprachen mag.
5. Ich glaube, dass ... berühmt sein möchte.
6. Ich glaube, dass ... zum Mond fliegen möchte.
7. Ich glaube, dass ... auf Hawaii surfen möchte.
8. Ich glaube, dass ... viele Kinder haben möchte.

Denk nach

	Hauptsatz		Nebensatz: konjugiertes Verb am Ende	
Oliver	**mag**	Kinder.		
Ich	**glaube,**		dass Oliver Kinder	mag.
Eva	**braucht**	viel Geld.		
Eva	**sagt,**		dass sie viel Geld	... .
Oliver	**möchte**	Popsänger werden.		
Oliver	**sagt,**		dass er Popsänger werden	... .

CD 7

b Hör zu. Welche Vermutung ist richtig, welche ist falsch?

Oliver sagt, dass er in 10 Jahren große Partys macht. Eva sagt, dass sie viel Geld ...

 Und dein Traum?

Bringt Bilder mit und zeigt etwas von euren Träumen. Fragt und antwortet.

Ich glaube, dass du berühmt sein möchtest. Stimmt's?

Ja, das auch.

Willst du reisen?

4 Berufe

CD 8

a Hör zu. Welche Berufe sind das?

Kameramann/-frau

Journalist/in

Erzieher/in

Friseur/in

Zahnarzt, Zahnärztin

Gärtner/in

Touristikkaufmann/-kauffrau

Sekretär/in

b Was tun diese Leute? Ordne zu.

(viel) telefonieren – (gut) organisieren (können) – planen – (viel) schreiben – Interviews machen – reisen – zu Hause bleiben – viel sprechen – Zähne kontrollieren – erklären – basteln – singen – spielen – vorlesen – Geschichten erzählen – mit Menschen sprechen – Operationen machen – Menschen helfen – drinnen arbeiten – draußen arbeiten – mit Menschen zusammen sein – viel/wenig Geld verdienen – viel/wenig Freizeit haben – viel/wenig mit Technik arbeiten – interessante Arbeit – leichte Arbeit – Zeit für Kinder und Familie haben – filmen – früh aufstehen

Journalist: viel telefonieren, wenig Zeit für die Familie ...

5 Phonetik: *r* und *l* – Hör zu und sprich nach.

CD 9

Drinnen und draußen,
reisen und schreiben:
Das ist interessant

Telefonieren und planen,
viel Geld verdienen:
Das ist leicht.

rrrrrr

llllll

6 Ratespiel – Welcher Beruf ist das?

**a Welche Berufe kennst du noch?
Sammelt in der Klasse.**

Meine Mutter arbeitet zu Hause. Sie ist Hausfrau.

b Arbeitet mit den Berufen aus a.

Welcher Beruf ist das? Man muss gut organisieren können. Man spricht viel mit Menschen. Man muss viel telefonieren und organisieren. Man arbeitet direkt mit dem Chef oder der Chefin zusammen. Meistens haben Frauen diesen Beruf.

Das ist ...

7 Wünsche begründen: *weil*

a Ergänze im „Denk nach" die Verben am Ende: *aufstehe, kann, verdiene.*

Denk nach

Hauptsatz	**Nebensatz: konjugiertes Verb am Ende**	
Ich möchte Zahnarzt werden,	*weil ich dann viel Geld*	...
Ich möchte nicht Journalistin werden,	*weil ich nicht gut schreiben*	...
Ich möchte nicht Pilot werden,	*weil ich nicht gerne früh*	...

b Was möchtet ihr werden? Was möchtet ihr nicht werden? Warum? Schreibt Sätze.

Ich möchte nicht Lehrer werden, weil ich ...

8 Sprechen üben – lange Sätze sprechen

CD 10 **a Hör zu und sprich nach.**

Ich möchte <u>Arzt</u> werden, ... weil ich dann Menschen <u>helfen</u> kann.
Ich möchte <u>Arzt</u> werden, weil ich dann Menschen <u>helfen</u> kann.

b Kettenspiel – Macht weiter.

Ute sagt, **dass** ...,
weil ...

Ich möchte Gärtner werden,
weil ich gerne draußen arbeite.

Thomas sagt, **dass** er Gärtner werden möchte,
weil er gerne draußen arbeitet. – Ich möchte
Sekretärin werden, weil ich gerne drinnen arbeite.

9 Betriebspraktikum

Lies die Texte und beantworte die Fragen.

1. Wer macht ein Betriebspraktikum?
2. Wie lange dauert ein Betriebspraktikum?
3. In welcher Klasse findet es statt?

Land und Leute

*In Deutschland machen die meisten Schüler
in der 8. oder 9. Klasse ein Betriebspraktikum.
Sie gehen 1–3 Wochen in einen Betrieb und
können dort das Berufsleben kennenlernen.
Sie bekommen kein Geld. Am Ende müssen
sie einen Bericht schreiben und manchmal
auch einen Kurzvortrag für die Klasse,
die Lehrer und die Eltern machen.*

Liebe Eltern, liebe Schülerinnen und Schüler,
herzlich willkommen bei unserem Präsentationsabend. Die Klasse 8 hat ein Berufspraktikum gemacht. Die Schüler haben drei Wochen lang in einem
Betrieb zugeschaut und auch mitgearbeitet. Alle
mussten ihren Praktikumsplatz selbst suchen. Heute
stellen sie ihr Praktikum vor.

10
CD 11

Vorstellung des Betriebspraktikums

a Du hörst den Kurzvortrag von Dennis. Sind die Aussagen 1–6 richtig oder falsch?

1. Dennis wollte gern etwas mit Technik machen.
2. Dennis ist alleine zu den Baustellen gefahren.
3. Das Praktikum war langweilig.
4. Er musste sauber machen.
5. Dennis konnte selbst Kabel und Schalter legen.
6. Er möchte nach der 10. Klasse eine Elektrikerlehre machen.

b Ergänze das „Denk nach".

Denk nach

Vergangenheit: Modalverben im Präteritum

ich/er/es/sie/man	muss...	konn...	woll...
du	musstest	konntest	wolltest
wir/sie/Sie	mussten	konnten	wollten
ihr	musstet	konntet	wolltet

CD 12

c Du hörst den Kurzvortrag von Anna. Ergänze die Sätze.

Anna hat … bei einer Krankengymnastin …
Sie musste … Sie konnte … Sie sagt, dass sie …
Das Praktikum war …
Sie möchte … werden, weil …

CD 13

d Du hörst den Kurzvortrag von Achmed. Beantworte die Fragen.

1. Wo hat er sein Praktikum gemacht?
2. Warum?
3. War es interessant?
4. Was möchte er später als Beruf machen?

e Schreibt die Fragen. Macht Interviews und stellt euren Interviewpartner der Klasse vor.

1. Was / du / findest / interessant / ?
2. Was / findest / langweilig / du / ?
3. Wo / ein / möchtest / du / machen / Praktikum / ? Warum?
4. Was / für / du / diesen / Beruf / brauchst / ?
5. Was / machen / möchtest / nicht / du / ? Warum nicht?

Land und Leute

Für viele handwerkliche und kaufmännische Berufe braucht man in Deutschland, Österreich und der Schweiz kein Abitur. Schüler können mit dem Abschluss von Klasse 9 oder 10 (Hauptschulabschluss oder mittlere Reife) eine Berufsausbildung (Lehre) beginnen. Sie arbeiten dann drei Jahre in einem Betrieb und lernen den Beruf. Ein- oder zweimal pro Woche gehen sie in eine Berufsschule. Dort bekommen sie theoretischen Unterricht für ihren Beruf. Am Ende der Ausbildung machen sie eine theoretische und eine praktische Abschlussprüfung.

11 Stress

CD 14

a Hör zu. Wo und wann sprechen die Jugendlichen?

b Diese Aussagen sind falsch.
Hör noch einmal und sag die Sätze richtig.

1. Sie haben heute eine Klassenarbeit in Deutsch geschrieben.
2. Sie müssen alle ein Referat für Geschichte machen.
3. Viola kann eine Power-Point-Präsentation machen.
4. Tom muss im Triathlon 5200 Meter schwimmen, 20 Kilometer laufen und 500 Meter Rad fahren.
5. Sie haben viel Zeit.
6. Sie kommen heute Nachmittag zu Lukas.

c Was wollen sie am Nachmittag machen?

12 Lernen lernen: Pläne machen

a Lies den Artikel.

MIT EINEM PLAN DEINE ZIELE ERREICHEN – SO GEHT'S!

Du hast Stress? Du hast viele Ziele und nicht genug Zeit? Alles Chaos? Hier findest du Tipps und Tricks.

Ziele: Schreibe deine Ziele auf, so genau wie möglich.

Prioritäten setzen:
1 Was ist wichtig?
2 Was ist nicht so wichtig?
3 Was musst du jetzt nicht machen?

Analyse – Fragen stellen:
Was kannst du schon?
Was musst du noch machen?

Schritte zum Ziel festlegen:
Wie kannst du das Ziel erreichen?
Schreibe 3–5 Schritte auf.

Zeit planen:
Wie viel **Zeit** brauchst du für die **Schritte**?

⇐ Rückwärts planen:
Beginn mit dem **letzten Schritt** vor dem Ziel und plane rückwärts bis in die Gegenwart.

Hilfe finden:
Wo brauchst du **Hilfe**?
Wo findest du **Hilfe**?
Wer kann dir helfen?

Ist der Plan fertig? Dann beginne sofort mit dem **ersten Schritt**.

**b Was ist dein nächstes Ziel? Wie kannst du es erreichen?
Lies das Beispiel und mach einen Plan für dein Ziel.**

Ziel:
Triathlon, Platz 1–3

Priorität:
1 (sehr wichtig für mich!)

Analyse:
Laufen und Schwimmen sind kein Problem,
Radfahren zu langsam,
ich muss noch Radfahren trainieren

Schritte zum Ziel:
3 Tage: 5 Kilometer,
3 Tage 8 Kilometer,
3 Tage 10 Kilometer, 1 Tag Pause

Zeit planen:
jeden Tag 1 Stunde trainieren

Hilfe finden:
Trainer fragen: Technik üben,
Lukas fragen: zusammen fahren

Mein Ziel:
Deutschnote im nächsten Zeugnis:
...

13 Lerntipps

Wie könnt ihr gut lernen? Gebt euch gegenseitig Ratschläge.

Ich vergesse immer die Artikel.

Komm, wir machen Lernkarten und ich frage dich.

Wir können doch die Dialoge zusammen sprechen.

Ich kann die Verbformen nicht.

Lies die Dialoge laut.

Mach eine Lernkartei.

Ich kann nicht so gut sprechen.

Wir können zusammen üben.

Ich verstehe die Hörtexte nicht.

Mach kurze Pausen.

Ich lerne drei Stunden und bin dann total kaputt.

Du kannst einen Lernplan machen.

Ich habe viel zu wenig Zeit.

Hör noch einmal einfache Hörtexte vom Anfang.

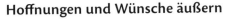

Hoffnungen und Wünsche äußern

Ich hoffe, dass ich später glücklich bin.   Ich möchte Arzt werden.

Etwas vermuten/berichten

Eva sagt, dass sie viel Geld verdienen will.
Ich glaube, dass Eva Kinder mag. Sie möchte vielleicht im Ausland arbeiten.

Über Berufe sprechen

Eine Touristikkauffrau muss Reisen organisieren.
Ein Gärtner arbeitet viel draußen, ein Friseur arbeitet drinnen.

Etwas begründen

Ich möchte Journalistin werden, weil ich gerne schreibe.

Über die Vergangenheit sprechen

Dennis wollte etwas mit Technik machen. Er musste sauber machen.
Er konnte Kabel und Schalter legen.

Außerdem kannst du …

… Kurzvorträge über ein Praktikum verstehen.   … einen Plan machen.

Grammatik   kurz und bündig

Hauptsatz und Nebensatz

Hauptsatz: Verb			Nebensatz: konjugiertes Verb ⇨	am Ende
Eva	mag	Kinder.		
Eva	sagt,		dass sie Kinder	mag.
Oliver	möchte	Popsänger werden.		
Oliver	sagt,		dass er Popsänger werden	möchte.
Er	will	nicht Pilot werden.		
Er	steht	nicht gerne früh auf.		
Er	will	nicht Pilot werden,	weil er nicht gerne früh	aufsteht.

Vergangenheit: Modalverben im Präteritum

Infinitiv	können	müssen	wollen
ich/er/es/sie/man	konnte	musste	wollte
du	konntest	musstest	wolltest
wir/sie/Sie	konnten	mussten	wollten
ihr	konntet	musstet	wolltet

> Bei **haben, sein, müssen, können, wollen** verwendet man in der Vergangenheit meistens das Präteritum.

Freundschaft 3

Das lernst du
- ★ Über Freundschaft sprechen
- ★ Um Hilfe bitten / Hilfe anbieten
- ★ Eigenschaften benennen und vergleichen
- ★ Komplimente machen

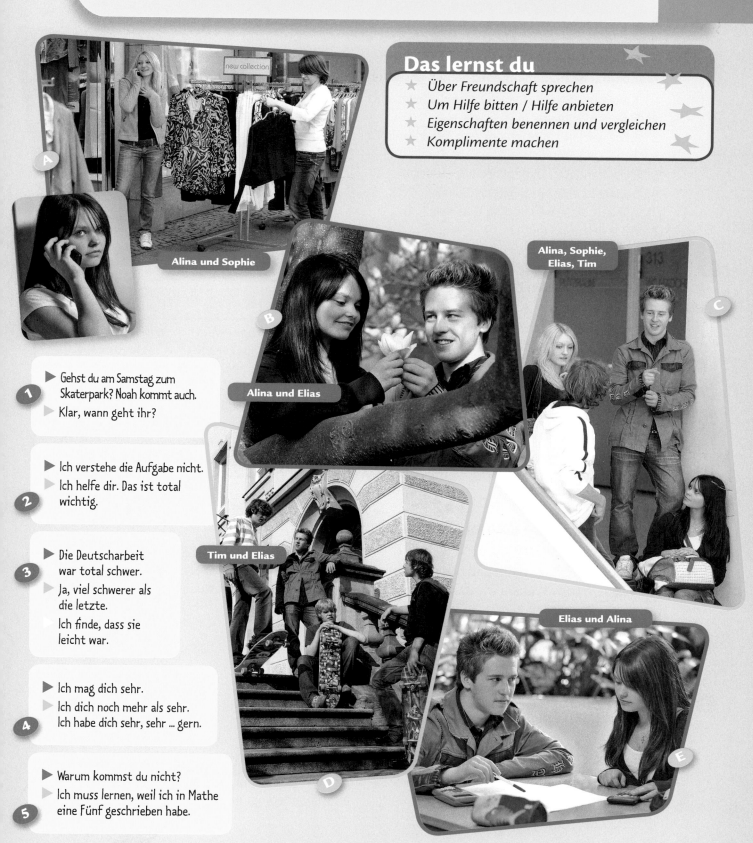

Alina und Sophie

Alina und Elias

Alina, Sophie, Elias, Tim

Tim und Elias

Elias und Alina

1
- ▶ Gehst du am Samstag zum Skaterpark? Noah kommt auch.
- ▶ Klar, wann geht ihr?

2
- ▶ Ich verstehe die Aufgabe nicht.
- ▶ Ich helfe dir. Das ist total wichtig.

3
- ▶ Die Deutscharbeit war total schwer.
- ▶ Ja, viel schwerer als die letzte.
- ▶ Ich finde, dass sie leicht war.

4
- ▶ Ich mag dich sehr.
- ▶ Ich dich noch mehr als sehr.
- ▶ Ich habe dich sehr, sehr … gern.

5
- ▶ Warum kommst du nicht?
- ▶ Ich muss lernen, weil ich in Mathe eine Fünf geschrieben habe.

1 **Bilder und Dialoge**

    a   **Ordne die Dialoge auf Seite 21 den Bildern zu.**

CD 15   **b**   **Hör zu. Zu welchen Bildern passen die Dialoge?**

    c   **Stimmt das oder nicht?**
Manchmal ist man nicht ganz sicher. Diskutiert.

   1. Alina sagt, dass die Deutscharbeit schwer war.
   2. Elias hat Probleme in Deutsch.
   3. Alina will Elias in Mathe helfen und er ihr in Deutsch.
   4. Tim ist ein Freund von Elias.
   5. Elias braucht in Deutsch eine gute Note.
   6. Sophie ist eine Freundin von Alina.
   7. Alina ist böse, weil Sophie Elias mag.
   8. Alina liebt Elias nicht.

2 **Freunde und Freundinnen**

    a   **Lest und spielt den Dialog.**

Dialog 1
▶ Hi, Sophie, alles o.k.?
▶ Alles o.k., und bei dir, Tim?
▶ Die Deutscharbeit war total schwer.
▶ Ja, viel schwerer als die letzte.
▶ Findet ihr? Ich finde, dass sie leicht war.
▶ Du bist aber auch gut in Deutsch, Alina.
▶ Kannst du mir in Deutsch helfen?
  Ich muss unbedingt eine Drei schreiben.
▶ Ich kann es versuchen. Hilfst du mir dann in Mathe, Elias?
▶ Na klar. Ich helfe dir gern.

Denk nach

Frage: Wem? ⇨ helfen + Dativ	
Hilfst du …?	*ich*
Ich helfe … .	*du*
Ich helfe **ihm**.	*er/es*
Ich helfe **ihr**.	*sie*
Könnt ihr **uns** helfen?	*wir*
Klar, wir helfen **euch**.	*ihr*
Ich helfe **ihnen/Ihnen**.	*sie/Sie*

---

    b   **Ordnet und spielt den Dialog.**

Dialog 2
▶ Nein, Elias kommt gleich und hilft mir in Mathe.
▶ Elias, ach so – Mathe – ich verstehe – o.k. …
▶ Hi.
▶ Ich bin zu Hause. Ich muss lernen, weil ich in Mathe eine 5 geschrieben habe.
▶ Ja.

▶ Alina, hier ist Sophie, wo bist du?
  Warum kommst du nicht?
▶ Alina?
▶ Allein?

3 **Sprechen üben – Verstärkungswörter**

CD 16   **Hör zu und sprich nach.**

total	total wichtig	Das ist total wichtig.
sehr	sehr schwer	Die Deutscharbeit war sehr schwer.
unbedingt	unbedingt eine Drei schreiben	Ich muss unbedingt eine Drei schreiben.
unbedingt	unbedingt ins Kino	Ich will unbedingt ins Kino.

4 Pronomen im Dativ

Nach diesen Verben steht immer Dativ: *helfen, schmecken*. Ergänze die Sätze.

1. ▶ Herr Brandl, können Sie … helfen?
   Wir verstehen die Aufgabe nicht.
   ▶ Klar helfe ich … .
2. Mein Bruder hilft … immer beim Lernen.
   Hilft … dein Bruder auch?
3. Elias, Tim versteht die Aufgabe nicht.
   Hilfst du …, bitte?
4. Meine Mutter kocht super.
   Ihre Spaghetti schmecken … immer.
5. ▶ Schmeckt es …?
   ▶ Ja, danke, die Nudeln sind super.

5 Phonetik: *h*

CD 17

a Hör zu, welche *h* spricht man nicht?

Er hilft ihr. – Sie hilft ihm. – Kann ich Ihnen helfen?

b Hör noch einmal und sprich nach.

6 Eigenschaften

a Deutsch – Englisch – deine Sprache: Welche Adjektive erkennst du?

aktiv	egoistisch	langweilig	ruhig	ungemütlich
alt	gemütlich	lustig	schön	unordentlich
arm	groß	nett	spannend	unsportlich
dumm	hässlich	normal	sportlich	unsympathisch
ehrlich	interessant	optimistisch	sympathisch	unvorsichtig
faul	jung	pessimistisch	tolerant	unzuverlässig
fleißig	klein	reich	traurig	vorsichtig
freundlich	klug	romantisch	treu	zuverlässig

b Was bedeuten die Adjektive? Schlagt je drei im Wörterbuch nach.

**c Wörter in Gegensatzpaaren lernen –
Wie viele Paare findest du in der Liste?**

jung und alt

7 Wie ist ein guter Freund / eine gute Freundin und wie nicht?

Wählt zu zweit je fünf Adjektive aus. Macht eine Tabelle. Vergleicht in der Klasse.

Meine Freundin muss zuverlässig sein.

Freund/in	kein/e Freund/in	unwichtig
treu	pessimistisch	

Ich finde wichtig, dass mein Freund sportlich ist.

Ich finde nicht wichtig, dass …

Fleißig? Ist das wichtig?

Nein, das ist nicht so wichtig!

Doch, ich finde das sehr wichtig.

8 Komparative

a Lies die Sätze und ergänze das „Denk nach".

Mein Freund ist sportlicher und größer als ich.

Ich bin kleiner als meine Freundin.

Mein Freund ist älter als ich.

b Finde auf Seite 23 die Adjektive zu diesen Komparativformen.

reicher ruhiger größer jünger klüger

älter vorsichtiger netter spannender dümmer

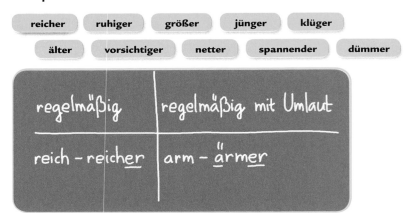

regelmäßig	regelmäßig mit Umlaut
reich – reicher	arm – ärmer

Denk nach

sportlich	sportlicher
ruhig	ruhig..
groß	größer
arm	.rm..

Es gibt nur drei ganz unregelmäßige Adjektive:

gut	besser
gern	...
viel	mehr

c Ergänze Adjektive in der Komparativform. Fragt und antwortet in der Klasse. Es gibt viele Möglichkeiten.

1. Ist dein Freund … als du?
2. Ist dein Vater … als deine Mutter?
3. Ist dein Bruder … als du?
4. Sind deine Freunde … als deine Eltern?
5. Findest du Popmusik … als Klassik?

6. Ist Europa … als Afrika?
7. Ist Deutschland … als Österreich?
8. Ist dein Land … als die Schweiz?
9. Ist arbeiten … als nichts tun?
10. …

groß – größer

Lernen lernen

Umlautformen kann man gut mit Gesten lernen.

Das funktioniert auch bei Verbformen:

er fährt

ich fahre

er ist gefahren

9 Vergleiche

a Lies die Beispiele und ergänze das „Denk nach".

Mein Freund ist **größer als** ich.
Er ist **genauso** alt **wie** ich. / Wir sind **gleich** alt.
Aber er ist **nicht so** sportlich **wie** ich.

Denk nach

↗	klüger ....
⇔	.... klug ....
	gleich klug
↘	nicht .... klug ....

b Schreib Vergleiche wie im „Denk nach": ↗, ⇔, ↘. Du bestimmst das Adjektiv.

Hunde/Katzen	Lehrer/Schüler	Kino/Fernsehen	Fahrrad/Motorrad
HipHop/Jazz	ich / mein Vater	Freunde treffen / chatten	chillen / Sport machen
blau/gelb	Mädchen/Jungen	schön sein / klug sein	… / …

↗ Hunde sind größer als Katzen. ⇔ Hunde sind genauso schön wie Katzen. ↘ Hunde sind nicht so …

10 Vergleiche in der Schule

Schreibt Vergleiche. Aber so, dass niemand böse oder traurig ist!

Elias ist genauso fleißig wie Alina.

Ich finde den Kunst-unterricht …

Elias und Alina sind gleich fleißig.

Mathe ist inte-ressanter als …

Joan ist älter als Sandra.

Luisa ist nicht so nervös wie …

11 Zur Freundschaft gehören Komplimente

CD 18

a Hör zu und lies. Von den acht Aussagen sind sechs Komplimente. Welche sind keine?

1. Du siehst heute sehr gut aus. Hast du eine neue Brille?
2. Ich finde es toll, dass du so gut jonglieren kannst.
3. Deine Jeans sehen super aus. Sind die neu?
4. Warst du beim Friseur? Deine Frisur ist super.
5. Vielen Dank, dass du mir hilfst. Du kannst sehr gut erklären.
6. Du hörst dich sehr gern reden, oder?
7. Du kannst viel besser schwimmen als ich.
8. Du bist immer so nervös.

b Wer kann was zu wem sagen? Notiere: Mädchen ⇨ Mädchen (MM), Mädchen ⇨ Junge (MJ), Junge ⇨ Mädchen (JM) oder Junge ⇨ Junge (JJ).

12 Die Komplimentmaschine

Schreibt Komplimente auf Zettel. Sammelt, mischt, verteilt und lest vor.

Du bist
Du kannst
Dein Kleid/Rock ...
Deine Augen/Haare ...
Mit dir kann ich
Ich finde dich

echt klasse
viel netter als mein Bruder
sieht toll/super aus
total nett / echt cool
sehr gut singen / toll
tanzen / gut schreiben ...
sind so schön/lieb/lustig
lustig sein / so gut reden /
viel Spaß haben

Du bist viel netter
als mein Bruder.

Mit dir kann ich so
viel Spaß haben.

13 Chat zum Thema „Freundschaft"

a Lies den Chat und ordne 1–5 und a–e zu.

Daniel, 15: Hey Leute, ich habe meinen Freund verloren, weil er nicht ehrlich zu mir war. Ich bin traurig und wütend. Was ist ein „Freund"? Könnt ihr mir helfen?

Silke, 14: Freundschaft heißt, dass man zusammen Spaß hat und Probleme löst. Man muss zuhören können. Hast du mit ihm geredet? Das hilft. Ich weiß, dass Jungen nicht so gerne viel reden. Vielleicht hast du eine gute Freundin und kannst mit ihr sprechen.

Jan, 13: So ein Quatsch! Jungs können viel besser helfen. Vielleicht anders als Mädchen. Ich habe seit fünf Jahren drei Freunde. Sie sind treu und helfen mir immer. Ich helfe ihnen auch. Mit meinen Freunden kann ich alles machen. Du hast bestimmt noch andere Freunde. Was sagen die? Rede mit ihnen.

Leonie, 15: Jan hat recht. Freundschaft heißt, dass die Freundin oder der Freund sieht, dass ich Hilfe brauche. Manchmal bin ich trauriger, manchmal optimistischer … meine Freundin hilft mir immer. Freunde sind interessant, weil sie anders sind. Ich bin z.B. sehr aktiv und meine Freundin ist viel ruhiger. Sie ist fleißiger als ich, aber ich bin sportlicher. Wir machen viel zusammen, aber wir machen auch ganz verschiedene Sachen.

Peter, 15: Ich finde das alles nicht so wichtig. Ich habe mal mehr und mal weniger Freunde. Wichtig ist, dass man Leute trifft und Spaß haben kann.

1. Daniel hat seinen Freund verloren,
2. Silke meint, dass
3. Jan findet, dass
4. Leonie findet Freunde wichtig,
5. Peter sagt, dass

a) weil sie nicht so sind wie man selbst.
b) das alles nicht so wichtig ist.
c) weil der unehrlich war.
d) Silke nicht recht hat.
e) Jungen nicht gerne über Probleme sprechen.

b Was sind eure Tipps für Daniel? Sammelt in der Klasse.

c Schreib einen Tipp.

CD 19

Ein Lied und ein Projekt: Freunde

a   Hör zu. Welche Bilder passen zum Lied?

b   Hör noch einmal und ordne die Strophen.

1
Weil ich dich brauche,
weil du mich brauchst,
weil wir uns brauchen,
sind wir Freunde.

2
Ein Freund ist ein Freund,
was auch passiert.
Es ist schrecklich,
wenn man Freunde verliert.

3
Dir geht es gut,
aber ich bin schlecht drauf.
Du hilfst mir,
denn wir sind Freunde.

4
Ich bin gut drauf,
aber dir geht's nicht gut.
Ich helfe dir,
denn wir sind Freunde.

5
Du bist für mich da.
Ich bin für dich da.
Wir sind für uns da,
denn wir sind Freunde.

6
Ein Freund ist ein Freund,
was auch passiert.
Es ist schrecklich,
wenn man Freunde verliert.

**c   Projekt: Das Freundschafts-
poster – Sammelt Bilder
zum Thema Freundschaft
und schreibt kurze
Texte dazu.**

Land und Leute

*Für die „Shell Jugendstudie" hat man
junge Leute gefragt: Was ist für euch wichtig?*

TOP 10

1. Freundschaft
2. Partnerschaft
3. Familienleben
4. Eigenverantwortung
5. viele Kontakte

6. Unabhängigkeit
7. Kreativität
8. Gesetz und Ordnung
9. Fleiß und Ehrgeiz
10. Sicherheit

(Quelle: Shell Jugendstudie 2006 – S. 177)

Über Freundschaft sprechen

Meine Freundin muss zuverlässig sein.
Ich finde (nicht) wichtig, dass mein Freund sportlich ist.
Fleißig? Ist das wichtig? – Nein, das ist nicht so wichtig! – Doch, ich finde das sehr wichtig.

Um Hilfe bitten / Hilfe anbieten

Hilf mir, bitte! – Kannst du mir in Deutsch helfen? – Klar, ich helfe dir.

Eigenschaften benennen und vergleichen

Mein Freund ist größer als ich / genauso groß wie ich / gleich groß / nicht so groß wie ich.

Komplimente machen

Du siehst gut aus. / Ich finde es toll, dass du so gut Deutsch kannst. / Du kannst sehr gut erklären.

Außerdem kannst du ...

… einen Chat und ein Lied zum Thema Freundschaft verstehen.
… einen kurzen Chat-Text schreiben.

Grammatik   kurz und bündig

Personalpronomen im Dativ
Manche Verben brauchen immer Dativformen.

ich	Hilfst du	mir?
du	Ich helfe	dir.
er/es/sie	Ich helfe	ihm/ihr.
wir	Helft ihr	uns?
ihr	Klar, wir helfen	euch.
sie/Sie	Ich helfe	ihnen/Ihnen.

Beispiel: helfen, schmecken
Frage: Wem?

Adjektive: Komparativformen

regelmäßig + -er

sportlich	sportlicher
ruhig	ruhiger
hübsch	hübscher
alt	älter
arm	ärmer
groß	größer
dumm	dümmer
jung	jünger
klug	klüger

regelmäßig mit Umlaut + -er
a/ä, o/ö, u/ü

Es gibt nur drei ganz unregelmäßige Formen: gern – lieber, gut – besser, viel – mehr.

Vergleiche
Mein Freund ist	*größer als ich.*
Er ist	*genauso alt wie ich. / Wir sind gleich alt.*
Aber er ist	*nicht so sportlich wie ich.*

Ich fliege besser, schneller und schöner als alle anderen!

Lernplakat: Freundschaft

Bring ein Foto von dir und deinem Freund / deiner Freundin mit (oder mal eins) und macht gemeinsam ein Plakat.

ich

bin sportlicher als sie.
mag Tennis, Fußball und Basketball.
habe mehr Geschwister als sie.
interessiere mich für Mathe.

sie

ist romantischer als ich.
isst mehr Gemüse als ich.
ist besser in Kunst als ich.
hat einen Hund und eine Katze.

wir

sind gleich alt und hoch.
gehen im Winter
Snowboarding machen.
interessieren uns für die Mode.
hören beide gern pop-rock.

Stellt euer Plakat in der Klasse vor.

ICH UND MEINE FREUNDIN LISA

wir
- Wir spielen beide Tennis.
- Wir haben beide ein Lieblingsessen: Eierkuchen mit Aprikosenkonfitüre.
- Wir haben beide eine Schwester.
- Wir mögen beide Brad Pitt.
- Wir haben beide ein Haustier (einen Hund).
- Wir hassen beide Geschirrspülen.

ich (Katrin)
- Ich bin älter als sie.
- Ich bin kleiner als sie.
- Ich bin nicht so sportlich wie sie.
- Ich habe hellere Haare als sie.
- Ich mag lieber Süßigkeiten als sie.
- Ich habe längere Haare als sie.

sie (Lisa)
- Sie findet Mathe interessanter als ich.
- Sie mag Mode wie ich.
- Sie ist kein Vegetarier wie ich.
- Sie mag lieber Sport als ich.

Hallo!
Ich heiße Katrin. Und das ist meine beste Freundin Lisa.

Abc-Wortschatzspiel
- Spielt in Gruppen.
- Der Lehrer / Die Lehrerin sagt still das Abc.
- Einer sagt „Stopp!".
- Alle Gruppen suchen Wörter mit diesem Buchstaben.
- Ihr habt **eine Minute** Zeit.

Wichtig: Jede Gruppe hat einen Schreiber / eine Schreiberin.
- Nach einer Minute liest jede Gruppe ihre Wörter vor.
- Welche Gruppe hat die meisten Wörter?

Disco

dann denn
Dativ du
Disco

Kleine Pause

Grammatik wiederholen

a „Entschuldigung, was hat er/sie gesagt?" Bildet Gruppen und sprecht wie im Beispiel.
Ihr könnt auch unhöflich sprechen: „He? Was hat er/sie gesagt?"

1. Ich höre HipHop genauso gerne wie Klassik.
2. Eltern müssen tolerant sein.
3. Ich muss in Chemie unbedingt eine Drei schreiben!
4. Ich finde deine Haare heute super!
5. Ich möchte in zehn Jahren reich sein.
6. Ich finde unsere Englischlehrerin streng.
7. Ich brauche deine Hilfe in Bio!
8. Wir fahren in den Weihnachtsferien
   zum Schifahren in die Alpen.
9. Meine Schwester möchte Polizistin werden.

> Ich möchte in Berlin studieren. **(A)**

> Wie bitte? **Was** hat sie gesag **(B)**

> **Sie hat gesagt, dass** sie in Berlin studieren **möchte**. **(C)**

b Warum, warum, warum ...
Wer kann gut begründen?
Sprecht mit einem Partner /
einer Partnerin.

> Ich habe die Hausaufgaben nicht gemacht.

> **Weil** ich erst um zehn Uhr nach Hause gekommen bin.

> **Warum?**

Bernd hat in Bio eine Sechs bekommen.
Ich komme nicht mit ins Kino.
Alberto möchte Popstar werden.
Mein Bruder ist sauer.
Carola isst keine Nudeln.

Ich habe kein Geburtstagsgeschenk für dich.
Ich habe Urlaub in Italien gemacht.
Unser Mathelehrer ist heute zu spät gekommen.
Ich habe dich gestern nicht angerufen.

Sprechen

**Arbeitet zu viert. Was sagen die Personen auf den Bildern? Sammelt Ideen und schreibt einen
Dialog. Lest und spielt ihn zuerst in der Gruppe und dann vor der Klasse.**

Großer Weihnachtsbazar
Aktion für das Kinderheim „Regenbogen"
Machen Sie mit und helfen Sie den Kindern!
Kaufen Sie Ihren Weihnachtsbaum
in diesem Jahr vom Schiller-Gymnasium!
Am Freitag, den 7.12., von 16.00 bis 18.00 Uhr
am Marktplatz

Die Schülerinnen und Schüler der 8a aus
unserem Gymnasium haben selbstgemachte
Weihnachtskarten, Pfannkuchen, heißen Kakao
und Bockwurst für Sie!

Und natürlich spielt unsere Schulband
Weihnachtsmusik.
Das Geld geht an das
Kinderheim „Regenbogen".

Lesen und Verstehen

Lies das Plakat und 1–3. Welche Aussagen sind richtig?

1. Was passiert am 07.12. von 16 bis 18 Uhr am Marktplatz?
a) Die Schülerinnen und Schüler der 8a singen Weihnachtslieder.
b) Das Gymnasium verkauft Weihnachtsbäume.
c) Das Kinderheim „Regenbogen" verkauft Weihnachtskarten.

2. Die Schülerinnen und Schüler der 8a …
a) … schicken selbstgemachte Weihnachtskarten an die Kinder im Kinderheim „Regenbogen".
b) … können Weihnachtskarten, Pfannkuchen, heißen Kakao und Bockwurst kaufen.
c) … verkaufen Weihnachtskarten, Pfannkuchen, heißen Kakao und Bockwurst.

3. Das Geld von der Weihnachtsaktion ist für …
a) … das Gymnasium.
b) … die Schülerinnen und Schüler der 8a.
c) … das Kinderheim „Regenbogen".

Hören und Verstehen

CD 20–21 **a Die Schüler der 8a organisieren den Weihnachtsbazar. Hör das Gespräch (Teil A und B). Welches Bild passt?**

b Was bedeuten die markierten Wörter? Ordne die 1–5 und a–e zu.

a) Im **Kochtopf** kann man Essen kochen.
b) Der **Weihnachtsmann** bringt Geschenke.
c) In der **Bäckerei** kauft man Brot und Brötchen.
d) Auf die **Weihnachtskarte** schreibe ich: „Frohe Weihnachten!"
e) **Senf** ist oft grüngelb. Man nimmt ihn z.B. zur Wurst.

c Hör Teil A noch einmal und notiere für 1–4 richtig oder falsch.

1. Vier Schüler malen Weihnachtskarten.
2. Das Papier für die Karten muss die Gruppe selbst kaufen.
3. Die Gruppe wollte 20 Karten machen.
4. Der Lehrer sagt, 250 Karten sind wenig.

d Hör Teil B noch einmal und notiere für 1–4 richtig oder falsch.

1. Die Schüler haben 200 Bockwürste gekauft.
2. Für die Würstchen gibt es Senf und Ketchup.
3. Sie haben keinen Kochtopf für die Würstchen.
4. Die Schüler wollen Brötchen in der Bäckerei kaufen.

Kleine Pause

Spielen und wiederholen
Kopf oder Zahl?
Ein Spiel für 2–4 Personen.

Alle haben eine Münze. Spieler/in 1 wirft die Münze: Kopf = 2 Schritte nach vorn! Zahl = 1 Schritt nach vorn!
Dann löst er/sie Aufgabe A oder B.
Richtig? O.K.! – Falsch? Einen Schritt zurück! Wer ist zuerst am Ziel?

A	START	B
Ich war im Sommer mit mein......... Eltern und mein......... Schwester zwei Wochen auf Rhodos in Griechenland.	1	Platz 1–10 in der Shell Jugendstudie: Was ist für junge Leute nicht so wichtig? Familie, Geld oder Freunde?
„Mit ver-, er-, be- und -ieren: kein ... notieren!"	2	Komparative: mehr, dümmer, lieber. Wie heißen die Adjektive?
Gut, groß, vorsichtig im Komparativ.	3	4 Adjektive mit un- am Anfang.
Richtig oder falsch? In Deutschland machen viele Schüler ein Betriebspraktikum. Ein- oder zweimal pro Woche gehen sie in die Berufschule.	4	Mein Bruder mag kein Gemüse und keinen Fisch. .... schmecken nur Pommes, Pizza, Hamburger.
Vor 10 Jahren w......... Andrea Tennisprofi werden. Heute ist sie Sportlehrerin am Gymnasium.	5	Anke möchte Tierärztin werden, weil ... liebt / sie / Tiere / .
Welches Land ist kein Nachbar von Deutschland, Österreich oder der Schweiz: Frankreich, Italien oder Spanien?	6	Einen Lernplan machen. Gib zwei Tipps.
Wie heißt das Partizip? erzählen, ankommen, verkaufen, telefonieren	7	gut ≠ schlecht faul ≠ ? hässlich ≠ ? ungemütlich ≠ ? langweilig ≠ ? sympathisch ≠ ?
5 Berufe männlich und weiblich: Lehrer und Lehrerin, ...	8	Mein Bruder ist nicht so sportlich .... ich.
Was ist richtig? Mönch, Jungfrau und Eiger sind Berge in der Schweiz / in Österreich.	9	Weil wir kein Brot mehr hatten, m......... ich zum Bäcker laufen.
Sascha möchte Arzt werden, weil er ...	10	„In Vonseitnachzu und Ausbeimit bleibt man mit dem ... fit!"
Auf die letzte Klassenparty k......... Maria und ich nicht gehen. Wir waren beide krank.	11	Jenny hofft, dass ... in 10 Jahren / ist / sie / Popsängerin / .
Wie ist ein guter Freund / eine gute Freundin nicht? 4 Adjektive.	12	Effektiv lernen: Gib 2 Tipps.
Laura schwimmt besser .... ich.	13	Deine letzten Ferien. Wie war das Wetter?
Wie waren deine letzten Ferien: ☺ oder ☹? „Meine ..."	14	Hilfst du m......... in Mathe, dann helfe ich d......... in Deutsch! O.k.?
Anna sagt, dass ... werden / sie / möchte / Friseurin /.	15	Wie ist ein guter Freund / eine gute Freundin? 4 Adjektive.

ZIEL

Bilder und Töne

Ein Tag im
Leben von Luisa

Das lernst du

- ★ Über elektronische Medien sprechen
- ★ Sagen, was man darf / nicht darf
- ★ Anweisungen weitergeben
- ★ Bedingung und Zeit nennen (wenn)

1

CD 22

Ein Tag – viele elektrische Geräte

a Sieh den Comic auf Seite 33 an und hör zu.

b Lies die Texte und ordne sie den Bildern zu.

① Frühstück: Papa sitzt schon da und liest die Zeitung. Ich mache den Fernseher an. Mama macht ihn wieder aus. Sie erlaubt nicht, dass ich morgens fernsehe. Sie meint, dass ich mehr Zeitung lesen soll. Ich höre lieber *Das Ding*. Mama merkt nicht, dass ich einen Ohrhörer im Ohr habe.

② Es ist 6 Uhr, mein Handy klingelt. Es spielt mein Lieblingslied. Ein wunderbarer Tag! Die Sonne scheint, aber ich darf nicht ins Schwimmbad. Ich muss in die Schule.

③ Mittagspause: erst Kantine, dann Yoga. Das tut mir gut. Eine halbe Stunde totale Ruhe, kein Bildschirm, kein Handy. Das finde ich echt gut. Danach muss ich gleich meine SMS checken. Ich habe eine SMS von Mama. Ich soll noch auf dem Weg nach Hause etwas einkaufen. Ich wollte doch zu Jan gehen.

④ Ich mache meine Hausaufgaben am Notebook. Die Datei mit dem Aufsatz muss ich an Frau Strunz mailen. Sie will den Text heute Abend lesen. Ich darf nicht vergessen, dass ich ihn auch ausdrucken muss.

⑤ Es ist 7 Uhr 30. Ich sitze im Bus und höre Musik. Da fällt mir ein, dass ich die Englischhausaufgaben vergessen habe. Ich lese schnell den Text und lerne die Wörter.

⑥ Zweite Stunde: Geschichte. Max und Emily halten ihren Vortrag: Geschichte der Europäischen Union. Ich mag Geschichte. Die Hälfte der Klasse schläft. Mein Handy „klingelt". Ich habe es auf Vibrationsalarm gestellt. Wir dürfen unsere Handys im Unterricht nicht anschalten. SMS von Jan. Er ist so lieb.

⑦ Große Pause – Jan zeigt mir seine Fotos vom Klassenausflug auf seinem Handy. Wer ist denn das? Ein Mädchen hat meinen Jan im Arm. Hey, Finger weg! Das darfst du nicht!

⑧ Da passiert es. Licht aus, Computer aus. Alles ist dunkel. Stromausfall! Das darf nicht wahr sein! Wo finde ich eine Kerze? Wo sind die Streichhölzer?

⑨ Ich gehe ins Bad und mache das Radio an. Beim Zähneputzen – meine Zahnbürste ist elektrisch – höre ich *Das Ding*, das ist mein Lieblingsradiosender.

c Hör noch einmal zur Kontrolle.

d Ergänze das „Denk nach".

2

Wortfeld: Medien

Welche Wörter kennst du? Was ist in Deutsch/Englisch und in deiner Sprache gleich, ähnlich oder ganz anders?

Denk nach

dürfen	
ich/er/es/sie/man	darf
du	darf...
wir/sie/Sie	dürf...
ihr	dürft

Technikwörter: Nomen und Verben

a Welche Verben und Nomen passen zusammen?

*runter*laden • surfen • *an*sehen • machen • lesen •
*an*machen • *aus*machen • hören • starten • schreiben •
klingeln • checken • schicken • öffnen • schließen

die SMS • die E-Mail • die Datei • das Handy •
die Homepage • das Notebook • der Brief •
das Internet • die MP3-Datei

b Schreib Sätze wie im Beispiel.

Ich muss die Datei runterladen.

CD 23

Phonetik: englische Wörter im Deutschen

So spricht man die Wörter auf Deutsch – Hör zu und sprich nach.

1. der Computer und das Notebook
2. das Internet, die Homepage und die E-Mail
3. das Handy und die SMS
4. surfen und checken
5. die CD, die DVD und der MP3-Player

CD 24

Hören: Interview mit Luisa

a Hör zu. Drei Informationen sind falsch. Welche?

	täglich (Minuten)	mehrmals pro Woche (Minuten)	... pro Monat (Minuten)	selten	nie
Internet	90				
Computerspiele					✗
Fernsehen	60				
Kino			2 -Mal		
MP3-Player	240				
Zeitung		60			
Zeitschrift		60			
Buch					✗

b Radio, Fernsehen, Zeitung ... – Was nutzt ihr viel / nicht so viel? Schreib die Tabelle ins Heft. Macht Interviews in der Klasse.

Wie oft bist du im Internet?

Wie lange siehst du pro Tag fern?

Liest du oft Bücher?

c Macht eine Klassenstatistik und sprecht darüber.

Nur wenige lesen jeden Tag.

Einige ... Niemand ...

Viele ...

Alle ...?

Die meisten ...

6 Modalverb *dürfen*

a Lies und ergänze die Sätze.

Hier darf man das Handy nicht benutzen.
Hier darf man Fahrrad fahren.

1. ▶ Ich … morgens nicht fernsehen.
   Meine Eltern sind sehr streng.
   ▷ Was, du … morgens nicht fernsehen? Ich schon.
2. Mein Bruder ist 10. Er … jeden Tag nur eine Stunde fernsehen.
3. ▶ An unserer Schule … wir in der Pause im Internet surfen.
   ▷ Wirklich? … ihr auch Spiele spielen?

b Luisa und du – Was darfst du und was dürfen deine Freunde (nicht)? A liest einen Satz vor, B antwortet.

1. Luisa darf am Wochenende bis 10 Uhr weggehen.
2. Ihr Bruder darf bis 12 Uhr weggehen. Er ist schon 17.
3. Luisa darf keine Computerspiele spielen.
4. Luisa darf abends bis 10 Uhr fernsehen.
5. Luisas Geschwister dürfen nicht im Internet surfen. Sie sind erst 4 und 6.
6. Luisa darf jeden Monat zweimal ins Kino gehen.
7. Luisa darf in der Schule ihr Handy nicht benutzen.
8. Luisa darf am Wochenende bei ihrer Freundin schlafen.
9. Luisa darf morgens nicht fernsehen.

> Luisa darf … Ich darf auch …

> Luisa darf bis 10 Uhr weggehen, ich darf nur bis 9 weggehen.

7 Fernseh- und Radiosender

a Lies den Text.

Land und Leute

In Deutschland gibt es viele Fernseh- und Radioprogramme. Die größten deutschen Fernsehsender sind heute die öffentlichen Sender Das Erste und das ZDF (Zweites Deutsches Fernsehen) und die privaten Sender RTL und Pro7/Sat 1. Die öffentlichen Fernseh- und Radiosender in Österreich heißen ORF (Österreichischer Rundfunk) und in der Schweiz SF (Schweizer Fernsehen). Über Satellit und das Internet kann man Fernseh- und Radioprogramme aus der ganzen Welt empfangen. Die Deutsche Welle (DW) sendet Programme über Deutschland. Man kann sie in der ganzen Welt hören und sehen. Suchwörter im Internet: „deutschsprachiges Fernsehen", „deutschsprachiges Radio", www.radioweb.de

b Welche Sender gibt es in deinem Land? Schreib einen kurzen Text auf Deutsch.

> Bei uns gibt es … Fernsehprogramme.
> Die meisten sind privat/öffentlich.
> Viele sind … Am liebsten …

8 **Du sollst …**

a **Sieh das Bild an. Was passiert hier? Sammelt in der Klasse.**

CD 25 **b** **Hör und lies den Dialog. Ergänze das „Denk nach" und dann 1–4.**

▶ Andy, hast du die Spülmaschine ausgeräumt?
▶ Mache ich gleich.
▶ Ich habe dir schon vor einer Stunde gesagt,
   dass du dein Zimmer aufräumen sollst.
▶ Immer ich. Sarah soll auch mal was machen.
▶ Und hast du deine Hausaufgaben gemacht?
▶ Gleich. Ich fange gleich an!
▶ Ihr sollt doch bis morgen das Referat machen?
▶ Ja, ist ja gut – ich fange ja gleich an.
▶ Jetzt ist aber Schluss! Mach sofort den Computer aus.
   Heute und morgen kein Fernsehen, kein Computer!
▶ Und was soll ich dann machen?
▶ Du sollst: die Spülmaschine ausräumen,
   deine Hausaufgaben machen, dein Zimmer …

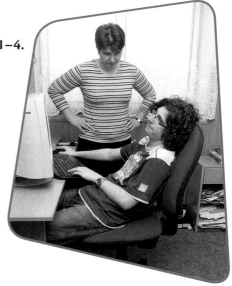

1. Andy … die Spülmaschine …
2. Andy … sein Zimmer …
3. Andys Mutter sagt, dass er die Hausaufgaben …
4. Andy … den Computer …

Denk nach

sollen	
ich/er/es/sie/man	soll
du	soll...
wir/sie/Sie	sollen
ihr	soll...

9 **Anweisungen weitergeben/wiederholen**

a **Ergänze die Sätze mit *sollen* wie im Beispiel.**

1. *Lehrer:* Mach das Handy aus!
2. *Mutter:* Mach den Computer aus!
3. *Schwester:* Gib mir meinen MP3-Player!
4. *Lehrer:* Ihr macht die Präsentation am Montag.
5. *Freund:* Ruft mich nicht nach 10 Uhr an.
6. *Lukas:* Hilf mir bitte.
7. *Vater:* Surf nicht so viel im Internet!

Lehrer: Ich habe gesagt, dass du …
Du: Meine Mutter sagt, dass ich …
Schwester: Ich habe dir gestern gesagt, dass du …
Freund: Herr Klein sagt, dass wir …
Freund: Ich habe schon so oft gesagt, dass ihr …
Tina: Lukas hat gesagt, dass du …
Du: Papa hat gesagt, dass ich …

> Ich habe gesagt, dass du das Handy ausmachen sollst.

CD 26 **b** **Sprechen üben: energisch sprechen – Hör zu und sprich nach.**

c **Spielt Minidialoge.**

> Er hat gesagt, dass du das Handy ausmachen sollst.

> Mach das Handy aus!

> Was hat er gesagt?

d **Variiert und spielt den Dialog aus Aufgabe 8.**

einkaufen gehen – Zimmer aufräumen – Wäsche bügeln – Oma anrufen – …

10 Kummerkasten

a Beschreibt die Bilder. Was passiert?

b Lies die E-Mail. Ordne ein passendes Bild und eine Überschrift zu.

Ich liebe dich!   **Computersüchtig!**   **Lass mich in Ruhe!**

Adressat:	team@meinkummerkasten.net
Kopie:	
Objekt:	

Hallo, liebes Team,
ich habe ein großes Problem. Ich bin mit meinem Freund schon über ein halbes Jahr zusammen. Vor kurzem hat er nun Internet bekommen und jetzt spielt er dauernd CS (Counterstrike). Er spielt auch, wenn ich bei ihm bin. Das ärgert mich und macht mich traurig. Aber er versteht es nicht. Manchmal sitzt er drei Stunden vor dem PC, wenn ich da bin. Wenn ich etwas sage, ist er sauer. Ich habe ihn gefragt: Was machst du, wenn du zwischen PC und Freundin wählen musst? Er meint, dass er lieber ohne Freundin als ohne PC leben möchte. Liebt er mich überhaupt? Ich habe schon oft wegen ihm geweint. Merkt er es vielleicht erst, wenn ich ihn verlasse? Helft mir!
Kira

c Lies noch einmal und entscheide für 1–8: *richtig, falsch, ich weiß nicht.*

1. Kira ist glücklich.
2. Sie hat einen Freund.
3. Der Freund ist 15 Jahre alt.
4. Er hat einen Computer.
5. Er spielt nicht gerne.
6. Kira will ihren Freund verlassen.
7. Der Freund sitzt stundenlang vor dem PC.
8. Der Freund findet den PC wichtiger als seine Freundin.

d Formuliere Ratschläge mit *sollen.*

Ich meine, Kira soll …   Der Junge soll … oder Kira muss …

11 Sätze mit *wenn … (dann)*

a Finde die *wenn*-Sätze in der E-Mail auf Seite 38. Schreib sie in eine Tabelle ins Heft und markiere die Verben.

Position 1	Position 2		
Er	spielt	auch (dann),	wenn …
	Merkt	er es …,	wenn …?
Wenn ich etwas sage,	ist	…	

b Schreib *wenn*-Sätze

mein Bruder ist immer im Internet	darfst du nicht so viel spielen
mein Bruder kauft sofort eine Handykarte	hat er oft keine anderen Hobbys mehr
ich sehe fern	wenn er Geld hat
wenn jemand computersüchtig ist	wenn er Zeit hat
wenn du deine Freundin behalten willst	wenn ich meine Hausaufgaben gemacht habe

1 *Ich sehe fern, wenn ich meine Hausaufgaben gemacht habe.*
2 *Wenn ich …, sehe ich fern.*

12 Internetprojekt: Euer Fernsehprogramm auf Deutsch

a Lies die Liste mit Fernsehprogrammen. Welche kennst du?

1. die Fernsehserie
2. der Tierfilm
3. die Zeichentrickserie
4. die Nachrichten
5. die Sportsendung
6. die Talkshow
7. der Wetterbericht
8. der Krimi/Kriminalfilm
9. die Werbung

CD 27 **b Du hörst Töne aus vier Fernsehsendungen. Notiere die Nummer aus 12a. Wie hast du die Sendung erkannt?**

DOKUSOAP
20.15 Mein neues Leben – XXL Dtl. 2008   9-070-512
Auswandern der Liebe wegen! Yves Geschonke (36) zieht mit ihren Zwillingen Victoria und Marie und ihrer damaligen großen Liebe nach Südafrika. Leider hat die Beziehung nicht lange gehalten. Mit ihrem neuen Freund (o.) baut sie sich jetzt ein eigenes Leben auf.
22.15 Mein neuer Job   5-812-609
Reportagereihe, Dtl. Wer wird Tätowierer auf den Kanaren?
23.10 Las Vegas Action-   8-127-135
serie, USA 2004. Traumatisiert Danny ist wieder da. Nach dem Kriegseinsatz ist aus ihm ein anderer Mensch geworden.
0.05 The President's Man
○ TV-Action, USA   2-169-907
2000 (Wh.) FSK:18/100/87 Min.
1.45 Filmquiz   9-824-365

TV-THRILLER
20.15 Die Tür zur Dunkelheit
○ NEU TV-Mystery-   311-222
thriller, Kanada/USA 2006
Mit David Orth, Matreya Fedor Kate (Emma Caulfield) leidet unter unheimlichen Visionen, seit ihr erster Mann bei einem Autounfall ums Leben kam. Ihr Zustand verschlimmert sich, nachdem sie mit ihrem zweiten Mann in das Herrenhaus ihres verstorbenen Vaters gezogen ist: Sie sieht die Geister ermordeter Frauen. Bald ist Kate davon überzeugt, dass in dem Gemäuer furchtbare Verbrechen begangen wurden.   105/83 Min.
Dazw.:21.10 Uhr Kino-Tipp
22.00 Law & Order: New York
Krimiserie. Gnade   322-319
22.55 Autopsie   2-281-195
Mysteriöse Todesfälle
Der Ripper von Louisville / Von

KOCHDOKU
20.15 INFO Das perfekte Promi Dinner   6-088-319
Kochdoku, Deutschland 2008
Eine musikalische Runde: Heute schwingen DJ John Jürgens, Schlagerstar Bata Ilic, Opernsängerin Kriemhild Jahn sowie Model und Popsternchen Heydi Nuñez Gomez (o.) den Kochlöffel. Die schöne Dominikanerin bereitet ein Gericht aus ihrer Heimat zu: Kreolisches Huhn mit Maniok und Bananen.
22.35 Prominent!   5-142-154
Boulevardmagazin, Dtl. 2008
Moderation: Constanze Rick
23.10 Unser Traum vom Haus
NEU Zehn weitere   7-476-222
Folgen der Dokusoap – Jew. so.
0.05 Mut zur Wahrheit 3-483-278
○ Militärdrama, USA 1996 ▶◀
Mit Denzel Washington, Lou Diamond Phillips. Regie: Edward

ABENTEUER
20.45 INFO Der Flug   722-593
des Phoenix   ▭
○ Abenteuer, USA 1965. Mit James Stewart, Richard Attenborough. Regie: Robert Aldrich Vom Sandsturm überrascht muss ein Transportflugzeug in der afrikanischen Wüste notlanden. An Bord sind zwölf Passagiere, Ölarbeiter und Soldaten auf dem Weg in die Ferien. Ohne Radiokontakt sind sie von der Außenwelt abgeschnitten. Heinrich Dorfmann (Hardy Krüger, r., mit Ian Bannen) will aus dem Flugzeugwrack eine neue Maschine bauen…   FSK:12/140 Min.
23.05 Drama in der   2-562-425
Eiger-Nordwand
NEU Dokufilm, GB 2007
Wie Joe Simpson ein schweres Bergunglück überlebte. 80 Min.

c Macht euer eigenes Fernsehprogramm auf Deutsch und stellt es der Klasse vor.

Stellt zu dritt ein Fernsehprogramm von 16 Uhr bis 22 Uhr zusammen. Es sollen mindestens drei Fernsehsender (ARD, MTV …) vorkommen und mindestens drei Arten von Fernsehsendungen (Krimi, Serie, Nachrichten …). Die Fernsehprogramme von heute findet ihr im Internet mit dem Suchwort „Fernsehprogramm".

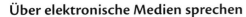

Über elektronische Medien sprechen

Wie oft bist du im Internet? Jeden Tag 2 Stunden. / Einmal pro Woche. / Selten. / Fast nie.
Die meisten lesen Zeitschriften. Einige lesen Zeitung. Nur wenige lesen jeden Tag ein Buch.
Bei uns gibt es 250 Fernsehsender. Die meisten sind langweilig / auf Englisch / privat …

Sagen, was man darf / nicht darf

Wie lange darfst du weggehen?
Luisa darf bis 10 Uhr weggehen. Ich darf auch bis 10 Uhr weggehen.
Mein Bruder darf nicht bis zehn Uhr weggehen. Er ist erst 12.

Anweisungen weitergeben/wiederholen

Ich habe dir gesagt, dass du dein Zimmer aufräumen sollst.
Lukas hat gesagt, dass du ihm helfen sollst.
Papa hat gesagt, dass ich nicht so viel im Internet surfen soll.

Bedingung und Zeit nennen – Sätze mit *wenn*

Er spielt auch dann, wenn ich bei ihm bin. Vielleicht merkt er es erst, wenn ich ihn verlasse?
Wenn mein Bruder Geld hat, dann kauft er eine Handykarte.
Du darfst nicht so viel spielen, wenn du deine Freundin behalten willst.

Außerdem kannst du …

… Informationen aus Texten entnehmen.
… ein Interview verstehen.
… einen Text über Fernsehen schreiben.

Ich hab dir gesagt, du
sollst nicht so tief fliegen.

Grammatik   kurz und bündig

Modalverben dürfen und sollen

	dürfen	sollen
ich/er/es/sie/man	darf	soll
du	darfst	sollst
wir/sie/Sie	dürfen	sollen
ihr	dürft	sollt

Sätze mit wenn

Hauptsatz	Nebensatz: konjugiertes Verb am Ende	
Er spielt auch,	wenn ich da	bin.
Er ist sauer,	wenn ich etwas	sage.

Der Nebensatz kann auch am Anfang stehen. Das Verb steht dann am Anfang vom Hauptsatz.

Position 1	Position 2	
Er	ist	sauer, **wenn ich etwas sage.**
Wenn ich etwas sage,	ist	er sauer.

Zusammenleben 5

Endlich, niemand da, ich kann machen, was ich will.

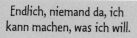

Das lernst du

★ Über Gefühle sprechen
★ Eine Schule beschreiben
★ Regeln formulieren
★ Streiten und Kompromisse finden

Das kann ich nicht glauben!

Sie freut sich.

TOR, TOR

Er fühlt sich wohl.

Sie freuen sich.

Er ärgert sich.

Sie fühlen sich wohl.

1 Wie fühlen sie sich?

CD 28

a Sieh die Fotos auf Seite 41 an, hör die Dialoge und ordne zu.

> Dialog 1 passt zu Foto …

b Lies den Text und die Sätze auf Seite 41 und ergänze das „Denk nach".

> Sie mussten das Spiel unbedingt gewinnen. Aber die andere Mannschaft hat sofort ein Tor geschossen. Sie waren deprimiert. Dann hatten sie Glück und haben zehn Minuten vor Schluss ein Tor geschossen. Aber 1:1 war nicht genug. Die anderen haben sich schon gefreut. Aber in der letzten Minute hat Jamal noch ein Tor gemacht. Jetzt ärgern sich die anderen und sie freuen sich.

Denk nach

Reflexive Verben

Ich fühle mich super!   *Wir fühlen uns fantastisch.*

Wie fühlst du dich?   *Fühlt ihr euch auch gut?*

Er fühlt … gut.   *Sie fühlen … müde.*

Sie fühlt … nicht so gut.   *Wie fühlen Sie … heute?*

Reflexivpronomen sind einfach für dich: Merk dir nur 3. Person Singular und Plural …

c Ergänze die Pronomen.

1. Wir fühlen … wohl, weil wir Ferien haben.
2. Warum ärgerst du …? – Ich ärgere … , weil ich mein Heft vergessen habe.
3. Eine Zwei, freust du … nicht? – Nein, ich ärgere …, weil ich einen dummen Fehler gemacht habe.
4. Mein Bruder hat … gestern total geärgert, er wollte gemütlich einen Film gucken und da kommt meine Mutter und sagt: Aufräumen.
5. Und wie fühlt ihr … jetzt? – Total kaputt, aber super!
6. Meine Schwester hat … gefreut, sie hat einen MP4-Spieler zum Geburtstag bekommen.

d Wähle ein Foto aus und schreibe 6–8 Sätze wie im Beispiel in 1b.

2 Und ihr? – *Ich freue/ärgere mich, wenn …*

a Mach eine Liste ins Heft.

> *Ich freue mich, wenn ich morgens länger schlafen kann.*
> *Ich ärgere mich, wenn ich die Hausaufgaben gemacht habe*
> *und mein Hausaufgabenheft vergessen habe.*

b Fragt in der Klasse.

Wann freust du dich? Wann ärgerst du dich?

3

CD 29

Wie fühlen sich die Personen?

Sich ärgern oder sich freuen? Hör zu, sprich nach und schreib einen Satz ins Heft.

Das kann doch nicht wahr sein!　　Das ist doch nicht möglich!
Das kann ich nicht glauben!　　Das ist ja toll!

1 Er freut sich.

Lernen lernen

Der Ton macht die Musik!
Achte nicht nur auf die Wörter.
Mimik und Tonfall helfen dir
beim Verstehen.

Das sieht ja toll aus.　　Das sieht ja toll aus.

4

Ärger, Freude – Was tun?

Was machst du, wenn du dich ärgerst oder freust? Fragt euch gegenseitig.

Wenn ich mich ärgere, …　　　　dann möchte ich etwas kaputt machen.
Wenn ich mich freue, …　　　　dann singe ich laut.
Wenn ich mich gut/schlecht/fantastisch/　　dann höre ich wilde Musik.
　… fühle, …　　　　　　　　dann möchte ich mit meiner Freundin /
　　　　　　　　　　　　　　　meinem Freund telefonieren.
　　　　　　　　　　　　　　dann rede ich nicht.
　　　　　　　　　　　　　　dann möchte ich allein sein.
　　　　　　　　　　　　　　dann …

5

CD 30

Phonetik: *p, t, k* – kräftig sprechen

Hör zu und sprich kräftig nach.

p　t　k
p　t　k
p　t　k

Total kaputt!
Fantastisch!
Prima!
Cool!

6 Die Carl-Strehl-Schule in Marburg

a   Lies den Text. Suche zu jedem Foto eine Information im Text.

Die Carl-Strehl-Schule ist eine besondere
Schule. Sie liegt in der Mitte von
Deutschland, in Marburg. Sie ist das einzige
Gymnasium für blinde und sehbehinderte
5   Schülerinnen und Schüler in Deutschland.
Die Schüler können ab Klasse 5 die Schule
besuchen und dort nach 9 Jahren das Abitur
machen. Die Schüler kommen aus ganz
Deutschland und wohnen im Internat. Das
10   Internat ist nicht in der Schule. Es gibt mehr
als 40 Wohngruppen in der ganzen Stadt
Marburg. In jeder Wohngruppe wohnen 4–8
Schüler und Schülerinnen. Sie müssen jeden
Morgen selbstständig zur Schule gehen.
15   Die Schüler lernen in der Schule die ganz
normalen Schulfächer. Zusätzlich haben sie

Unterricht in Blindenschrift, Orientierung
und Mobilität (z.B: Wie komme ich vom
Wohnheim zur Schule?), lebenspraktischen
20   Fähigkeiten (z.B. aufräumen, ordnen, Essen
machen) und Computer. Diese Fächer sind
für die blinden Schüler besonders wichtig.
Die Carl-Strehl-Schule bietet viele
Freizeitaktivitäten. Die Schüler können
25   Sport machen (z.B. reiten, Schi fahren,
Fußball spielen und balancieren), sie
können Theater spielen, im Chor singen
oder in einer Band spielen. Die Carl-Strehl-
Schule ist eine „europäische Schule". Sie
30   organisiert schon seit mehr als 30 Jahren
einen Schüleraustausch z.B. mit England,
Frankreich und Polen.

Mehr: www.blista.de.

b   Lies noch einmal und beantworte die Fragen.

1. Wo liegt die Carl-Strehl-Schule?
2. Wer geht in die Carl-Strehl-Schule?
3. Was lernen die Schüler in dieser Schule?
4. Wo wohnen die Schüler?
5. Was machen die Schüler in ihrer Freizeit?

Land und Leute

*Marburg ist eine mittelalterliche Stadt mit einem Schloss,
vielen alten Fachwerkhäusern, engen Straßen und vielen,
vielen Treppen. Marburg ist eine Universitätsstadt mit
einer großen, alten Universität. Die Stadt hat 80 000
Einwohner und fast 20 000 Studenten. Marburg liegt
90 km nördlich von Frankfurt am Main.*

www.marburg.de

7

CD 31

Interview mit einer Schülerin der Carl-Strehl-Schule

Richtig oder falsch? Lies die Sätze, hör die Interviews und entscheide.

1. Katha ist 15 und geht in Klasse 10.
2. Katha lernt Bassgitarre in der Musikschule von Marburg.
3. Katha spielt in einer Band mit anderen, nichtblinden Jugendlichen.
4. Die anderen in der Band finden, dass es ein Problem ist, dass Katha blind ist.
5. Katha freut sich, wenn ihre Behinderung niemand interessiert.

8

Fragen zur Carl-Strehl-Schule

a Ergänzt das „Denk nach".

b Stellt Fragen zum Info-Text und zum Interview.

Welche Fächer gibt es in der Blindenschule?
Welche Fächer gibt es in anderen Schulen nicht?
Welche Probleme gibt es?
Welches Instrument spielt Katha?
In welcher Stadt …
Welche Freizeitaktivitäten …

> ## Denk nach
>
> welch-/jed-/dies- :
> Endungen wie bei der/das/die
>
> Welche Fächer gibt es?
> In welch… Stadt liegt die Schule?
>
> Dies… Fächer sind für Blinde sehr wichtig.
> In jed… Wohngruppe wohnen 4–8 Schüler.

c Projekt: Sucht Informationen über die Schule im Internet und präsentiert sie.

9

Orientierung und Mobilität – Ein Versuch

a Eine/r verbindet sich die Augen. Die anderen dirigieren sie/ihn durch die Klasse, z.B. von der Tür bis zum Fenster.

Geh drei Schritte geradeaus. Da ist ein Tisch.
Geh rechts, drei Schritte und dann links …

Langsam, ich verstehe nichts!

b Wie habt ihr euch gefühlt?

Ich hatte Angst.

Ich habe mich total unsicher gefühlt.

10 Zusammenleben im Internat – sich streiten

CD 32 **a Lies zuerst den Text und hör dann zu: Was ist das Problem?**

Ich bin gerne im Internat. Unsere Wohnung ist groß, 10 Zimmer, eine Küche, 2 Badezimmer und ein Wohnzimmer. Mein Zimmer ist nicht so groß, aber sehr gemütlich. Das Beste ist: Hier sind alle meine Freunde und hier ist immer was los.
Natürlich gibt es auch manchmal Streit. Wie wir uns streiten? Hört mal zu.

▶ Das ist meine Dusche, ich war zuerst da.
▷ Nein, ich war schon vorher da und habe meine Sachen hingelegt. Geh doch zur anderen Dusche.
▶ Geh du doch. Du ärgerst dich ja nur, weil ich zuerst da war.
▷ Warst du gar nicht! Hier sind meine Sachen.
▶ Ja, deine Sachen, aber nicht du. Reservieren darf man nicht, sonst komme ich das nächste Mal mittags und lege meine Sachen hin, dann ist die Dusche für mich besetzt.
▷ Quatsch, die habe ich gar nicht mittags hingelegt, gerade eben. Ich musste noch mein Shampoo holen.
▶ Na gut, dann geh du, aber beeil dich, ich will auch noch fertig werden.

b Hör noch einmal. Welche Wörter sind betont?

meine   zuerst

11 Sprechen üben

CD 33 **a Hör zu und sprich nach.**
Geh du doch.   Warst du gar nicht!   Reservieren darf man nicht, …

b Lest und spielt den Dialog.

c Eine Szene spielen. Spielt und variiert den Dialog.

Das ist mein Platz!

12 Schule, Familie, Freunde – Was gehört zum Zusammenleben?

a Macht ein Assoziogramm mit euren Ideen.

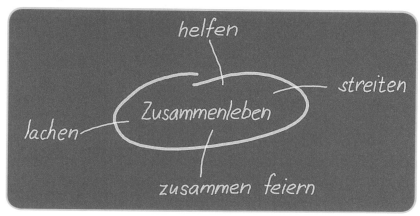

helfen

streiten

Zusammenleben

lachen

zusammen feiern

b Wie kann man einen Streit beenden? Ergänze *müssen* und *nicht dürfen*.

Man … anderen zuhören.
Man … immer lauter reden.
Man … ruhig bleiben.
Man … böse werden.
Man … aggressiv werden.
Man … seine Meinung erklären.
Man … einen Kompromiss finden.
Wenn man etwas falsch gemacht hat, …
    man sich entschuldigen.
Man … andere … beschimpfen.

> **Denk nach**
>
> *müssen oder nicht dürfen*
>
> Man *muss* anderen zuhören.
> Man *darf* andere *nicht* beschimpfen.
> Man … aggressiv werden.

Man muss anderen zuhören.
Man darf andere nicht beschimpfen.

13 Streit schlichten – Kompromisse finden

CD 34 **a Hör zu und ordne den Dialog.**

▶ Ist auch besser so, die Musik ist ja voll ätzend.
▶ Ja, klar, hör mal.
▶ Mach doch mal die Musik leiser.

▶ Ej, suchst du Streit? Lass meine CD drin!
   Sonst werde ich stinksauer.
▶ Meinst du, deine ist besser?
▶ Noch leiser? Dann hört man ja nichts mehr.

b Wie geht es weiter? Schreibt den Dialog zu Ende.

Na gut, dann …
Von mir aus, dann …
Das ist doch nicht so wichtig, wir können doch auch …
Ach so, du musst …, na gut, dann …
Einverstanden, aber …

Über Gefühle sprechen

Wie fühlst du dich?
Wann freust du dich?
Wann ärgerst du dich?
Wann fühlst du dich wohl?
Ich freue mich, wenn ich eine gute Klassenarbeit geschrieben habe.
In den Ferien fühle ich mich wohl.
Ich habe mich geärgert, weil ich lange warten musste.

Streitdialoge verstehen und machen (Achte auf die Intonation!)

Geh doch zur anderen Dusche! – Geh du doch!
Du kannst die Dusche nicht schon mittags besetzen! – Quatsch, ich habe meine Sachen gar nicht mittags hingelegt!
Ej, suchst du Streit? Lass meine CD drin!

Regeln formulieren

Wenn man etwas falsch gemacht hat, muss man sich entschuldigen.
Man darf andere nicht beschimpfen.

Kompromisse finden

Na gut, dann …   Von mir aus, dann …
Das ist doch nicht so wichtig, wir können doch auch …

Außerdem kannst du …

… einen Text über eine Schule verstehen.
… ein Interview verstehen.

Grammatik  kurz und bündig

Reflexive Verben

ich freue *mich*	wir freuen *uns*
du freust *dich*	ihr freut *euch*
er/es/sie freut *sich*	sie/Sie freuen *sich*

*Ebenso: sich ärgern, sich (wohl/gut/super/…) fühlen,
sich streiten, sich entschuldigen, sich beeilen …*

Deklination: welch-

Nominativ	*Akkusativ*	*Dativ*
(der) welcher Schüler	*(den) welchen Schüler*	*(dem) welchem Schüler*
(das) welches Fach	*(das) welches Fach*	*(dem) welchem Fach*
(die) welche Schülerin	*(die) welche Schülerin*	*(der) welcher Schülerin*
(die) welche Freizeitaktivitäten	*(die) welche Freizeitaktivitäten*	*(den) welchen Freizeitaktivitäten*

Welche Fächer hast du? Welches Fach magst du am liebsten? Zu welchen Freizeitaktivitäten gehst du?

Ebenso: jed- und dies-:
Jeder Schüler und jede Schülerin bekommt zwei CDs.
Diese CD ist vom Lehrbuch und diese ist vom Arbeitsbuch.

Das gefällt mir

Das lernst du

* ★ Sagen, was dir gefällt (Mode/Design)
* ★ Sachen und Personen beschreiben
* ★ Kleidung kaufen
* ★ Meinung zu einer Statistik äußern

1 Carla trägt einen roten Rock, eine weiße Bluse und weiße Turnschuhe. Sie mag modische Kleidung. Die rote Tasche ist ihr Markenzeichen.

2 Dieses tolle Fahrrad kann niemand fahren. Es hängt in der Pinakothek der Moderne. Das ist ein modernes Kunst- und Designmuseum in München.

3 Ralf trägt immer eine blaue Jeans und ein weißes Hemd. Die weißen Turnschuhe sind nicht ganz neu.

4 Moderne Handys müssen gute Designs, klare Displays und viele interessante Funktionen haben (Spiele, MP4-Player, Foto, Video ...)

5 Ein schnelles, schönes, teures Auto. Nur wenige können einen neuen Porsche kaufen.

6 Timo ist ein ganz lieber, freundlicher Hund. Aber er kann böse sein, wenn er jemanden nicht kennt.

1 Texte und Bilder

a Was passt zusammen? Ordne die Texte und Bilder auf Seite 49 zu.

CD 35

b Lies die Sätze und hör die Aussagen. Welche Sätze passen zu wem?

1. Das ist ein ganz süßer Junge.
2. Ich will auch mal einen blauen Porsche haben.
3. Das Handy gefällt mir. Ich habe das alte Handy von meiner Mutter.
4. Ich mag blaue Sportwagen. Ich liebe schöne Sachen.
5. Kleine, dicke Hunde gefallen mir nicht.
6. Moderne Fahrräder finde ich toll.

> Tanja
> Felix
> Miriam
> Murat
> Julia
> Jan

c Lies die Sprechblasen und ergänze das „Denk nach".

> Ich liebe Mode. Aber die Schuhe von dem Jungen gefallen mir überhaupt nicht.

> Gefällt dir der Hund?

> Der Hund gefällt mir. Er sieht so lieb aus.

Denk nach

gefallen

Der Rock gefällt mir / meiner Mutter / … (nicht).
Die Schuhe gefallen mir / meiner Mutter / … (nicht).

d Sprecht über die Bilder auf Seite 49 in der Klasse.

2 Große Hunde gefallen mir …

Notiert je drei Sätze mit „gefallen mir (nicht)".
Lest vor. Gibt es Gemeinsamkeiten in der Klasse?

> bunte Handys

> teure Mountainbikes

> schnelle Computer

> große Häuser

> blaue Hemden

> große Hunde

> modische Jeans

> rote/lange/kurze Röcke

> komplizierte Computerspiele

> schwarze/graue/… Katzen

> schnelle Motorräder

> leichte Notebooks

> junge Pferde

> spannende Bücher

> rote/blonde/schwarze Haare

> blaue/grüne/braune Augen …

Große Hunde gefallen mir nicht. Ich habe Angst.
Blaue Augen gefallen mir. Meine Freundin hat blaue Augen.

3 Adjektive vor dem Nomen nach *ein/eine*

a Lies die Sätze und ergänze das „Denk nach".

> die Jeans
> Das ist eine **tolle** Jeans (N).
> Ich liebe Rot! Ich kaufe morgen
> auch eine **rote** Jeans (A).

der MP4-Player ▲
Das ist ein **cooler** MP4-Player (N) mit 200 Gigabyte.
Ich möchte auch einen **guten** MP4-Player (A).

das Handy ◄
Ist das ein **neues** Handy (N)?
Ich möchte auch ein **neues** Handy (A).

Denk nach

	m	*n*	*f*	Plural
Nominativ (N)	ein toll... Hund	ein toll... Handy	eine toll... Hose	– toll... Hunde/Handys/Blusen
Akkusativ (A)	einen toll... Hund			

b *Mein, dein, sein ...* und *kein* – Lies die Sätze 1–5. Vergleiche mit der Tabelle.
Wie sind die Regeln richtig?

Singular

1. Meine neu**e** Jeans war nicht teuer. Ich habe nur 35 Euro bezahlt.
2. Ich habe mein alt**es** Handy verkauft, aber ich habe noch kein neu**es** Handy gekauft.
3. Ich hatte heute keinen gut**en** Tag. Wir haben eine Mathearbeit geschrieben.

Regel: *Mein/dein/kein* ... funktionieren im Singular **wie / nicht wie** *ein*.

Plural

4. Sabrina ist sauer. Ihr Bruder hat ihre neu**en** DVDs weggenommen.
5. Meine zwei lieb**en** Hunde können sehr böse sein.

Regel: Die Adjektivendung nach *mein/dein/kein* ... ist im Plural immer ....

4 **Adjektive trainieren**

a **Wie heißt der Artikel? Ergänze.**

MP4-Player • Bluse • Porsche • VW • Fahrrad • Handy • Fotoapparat • Telefon

b **Wähle ein Adjektiv aus. Schreib die Sätze und lies sie vor. Das „Denk nach" auf Seite 51 hilft.**

cool • neu • alt • kaputt • teuer • billig • rot • blau • gelb • schwarz • toll • langweilig

Nominativ

1. ▶ Ist das dein … Fotoapparat?
   ▶ Nein, das ist mein … Telefon.

2. Eine … Bluse kostet 40 Euro oder mehr.
3. Ein … Porsche kostet 125 000 Euro.

Akkusativ

4. Mein CD-Player ist kaputt. Ich kaufe morgen einen … MP4-Player.
5. Ich suche eine … Bluse, aber sie darf nicht so teuer sein.
6. Mein Vater fährt einen … VW und ich ein … Fahrrad.
7. Ralf möchte sein … Handy verkaufen.
8. Ich habe keinen … Porsche, aber mein Fahrrad ist auch superschnell.

5 **Sprechen üben**

CD 36 **Hör zu, sprich nach und mach weiter.**

Er hat ein neues Auto.
Er hat ein neues, gelbes Auto.
Er hat ein neues, gelbes, schnelles Auto.
Er hat ein neues, gelbes, schnelles, cooles Auto.
Er hat ein neues, gelbes, schnelles, cooles und ganz schön teures Auto.

Sie hat eine blaue Hose.

Sie hat eine blaue, …

6 Würfelspiel

Spielt zu viert.

Würfle 3-mal und wähle je ein Wort aus Spalte A, B und C aus. Bei den Adjektiven kannst du dir eins aussuchen.

Bilde einen Satz. Richtig? 1 Punkt. Spielzeit: 15 Minuten. Wer am Ende die meisten Punkte hat, hat gewonnen. Die Sätze dürfen verrückt sein. Aber die Grammatik muss stimmen.

A	B	C
⚀ sein (N) ☒	der Computer	neu/alt
⚁ haben (A)	das Handy	teuer/billig
⚂ mögen (A)	die Sonnenbrille ☒	rot/blau
⚃ mitnehmen (A)	der Rock	modern/altmodisch
⚄ kaufen (A)	die Hose	schwarz/weiß ☒
⚅ suchen (A)	das T-Shirt	cool/langweilig

⚀ + ⚂ + ⚄

sein + die Sonnenbrille + schwarz/weiß

Das ist meine schwarze Sonnenbrille.

7 Personen beschreiben

a Ihr kennt schon viele Wörter für Personenbeschreibungen. Sammelt an der Tafel.

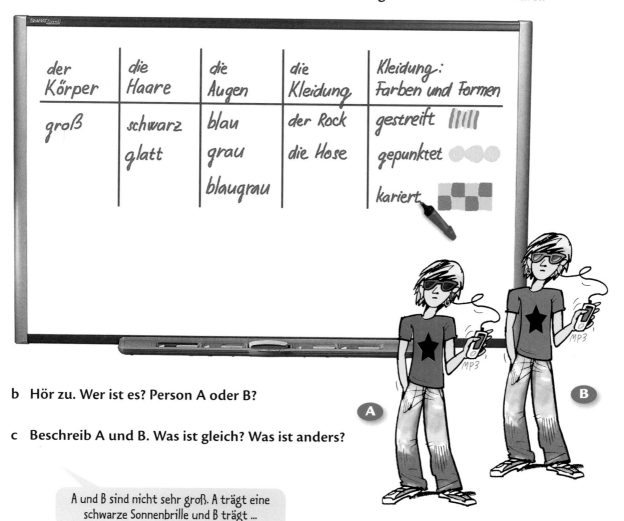

der Körper	die Haare	die Augen	die Kleidung	Kleidung: Farben und Formen
groß	schwarz glatt	blau grau blaugrau	der Rock die Hose	gestreift ‖‖‖ gepunktet ●●● kariert

CD 37 **b Hör zu. Wer ist es? Person A oder B?**

c Beschreib A und B. Was ist gleich? Was ist anders?

A und B sind nicht sehr groß. A trägt eine schwarze Sonnenbrille und B trägt ...

8 Personen raten

**Spielt in Gruppen.
A beschreibt jemanden,
die anderen raten.**

Meine Person ist nicht so groß.

Sie trägt eine blaue Jeans.

Sie hat kurze, braune Haare.

Sie trägt einen kleinen Ohrring.

9 Einkaufen – Adjektive vor dem Nomen nach *der/das/die* ...

CD 38

a Was hörst du? Ordne 1–6 und a–f zu.

1. ▶ Alina, komm mal,
2. ▶ Ich weiß nicht.
3. ▶ Und wie findest du
4. ▶ Auch nicht schlecht.
5. ▶ Der sieht klasse aus,
6. ▶ Der sieht echt

a) aber er ist viel zu teuer.
b) die blaue Bluse?
c) Hast du mal den kurzen Rock anprobiert?
d) super aus.
e) wie gefällt dir der rote Mantel?
f) Wie steht mir die Jeans?

**b Hör den Dialog noch einmal.
Schreib den Dialog.**

c Ergänze die Adjektivendungen im „Denk nach". Wie heißt die Regel?

Denk nach

	m	n	f	Plural
Nominativ (N)	der rot... Mantel			
		das rote Hemd	die rot... Bluse	die roten Mäntel/Hemden ...
Akkusativ (A)	den rot... Mantel			

Regel: Nach dem bestimmten Artikel gibt es nur zwei Endungen: ... und ...

d Variiert den Dialog und spielt ihn.

Lernen lernen

Was passt zusammen? Ordne zu und lies vor.
1. *Adjektivendungen brauchen*
2. *Wiederhole die Adjektivendungen*
3. *Man braucht die Adjektivendungen*
4. *Beim Textverstehen*

a) *sind die Adjektivendungen kein Problem.*
b) *so oft wie möglich.*
c) *viel Zeit und Training.*
d) *zum richtigen Sprechen und Schreiben.*

10 Jugendliche in Deutschland – Das Äußere zählt

a Lest den Text und die Grafik. Welche Aussagen von 1–5 sind richtig?

Land und Leute

Das richtige Outfit und Styling: Ihr Äußeres ist Jugendlichen wichtig. Es gibt Sicherheit, wenn man „gut" (cool) angezogen und gestylt ist. Ganz wichtig ist die richtige Kleidung. Bei der großen Mehrheit (82 %) muss auch die Marke stimmen. Aber zum passenden Outfit gehört noch mehr: Handys, Taschen und Rucksäcke finden 60 Prozent der Jugendlichen wichtig oder sehr wichtig. Auch hier spielt die Marke eine große Rolle. Für das Styling geben junge Leute auch Geld aus. Fast 90 Prozent legen viel Wert auf schöne Haare.

Von je 100 Jugendlichen* in Deutschland finden wichtig oder sehr wichtig

93 %	Bekleidung
89 %	Schuhe
87 %	Haarpflege
72 %	Gesichtspflege
66 %	Parfüm
61 %	Handy
60 %	Taschen und Rucksäcke
54 %	Armbanduhren
51 %	Schmuck

* 12 bis 18 Jahre

Das Äußere zählt!

Die richtige Marke muss es sein bei

Bekleidung	82 %
Schuhe	78 %
Haarpflege	64 %
Gesichtspflege	55 %
Parfüm	66 %
Handy	62 %
Taschen und Rucksäcke	55 %
Armbanduhren	51 %
Schmuck	35 %

1. Für viele Jugendliche ist Mode unwichtig.
2. Man muss die richtige Kleidung tragen.
3. Ohrringe usw. sind nicht ganz so wichtig.
4. Die Haare müssen gut aussehen.
5. Welche Firma hat das Produkt gemacht? Das ist eine wichtige Frage.

b Wie ist das bei euch? Sprecht in der Klasse.

Wo ist die Marke wichtig: Kleidung, Handy, MP4-Player …? Gibt es Argumente gegen Marken?

Alle meine Freunde tragen/kaufen …

Bei uns trägt niemand …

Ich finde „Marken" nicht wichtig, aber ich trage gern schöne Sachen.

Markenprodukte sind oft sehr teuer.

Ich will nicht so viel Geld für … ausgeben, deshalb …

Viele meinen, dass sie besser aussehen, wenn …

Sagen, was dir gefällt (Mode/Design)

Ich liebe Mode. Ich liebe Rot.

Die Schuhe von dem Mädchen gefallen mir nicht.

Schwarze Katzen gefallen mir (nicht).

Das ist ein cooler MP4-Player.

Sachen und Personen beschreiben

Er ist sehr groß / nicht so groß.

Sie trägt einen Ohrring / keine Brille.

Sie hat kurze, braune Haare.

Kleidung kaufen

Wie steht mir die Jeans?

Hast du mal den kurzen Rock anprobiert?

Ich weiß nicht … / Nicht schlecht.

Der sieht klasse aus, aber er ist viel zu teuer.

Meinungen zu einer Statistik äußern

Alle meine Freunde tragen/kaufen …

Ich finde Marken (nicht) wichtig, aber/weil …

Viele meinen, dass …

Ich will nicht so viel Geld für Mode ausgeben, deshalb …

Außerdem kannst du …

… eine Statistik verstehen.

Grammatik   kurz und bündig

Adjektive vor dem Nomen – nach ein, kein/mein/dein …

	m	n	f	Plural
	der Mantel	das Handy	die Hose	die Mäntel/Handys/Hosen
Nominativ	k/ein toller Mantel	k/ein tolles Handy	k/eine tolle Hose	■ tolle Mäntel/Handys/Hosen.
Akkusativ	k/einen tollen Mantel	k/ein tolles Handy	k/eine tolle Hose	keine tollen Mäntel/Handys/Hosen.

Adjektive vor dem Nomen – nach der/das/die

	m	n	f	Plural
	der Mantel	das Handy	die Hose	die Mäntel/Handys/Hosen
Nominativ	der tolle Mantel	das tolle Handy	die tolle Hose	die tollen Mäntel/Handys/Hosen
Akkusativ	den tollen Mantel	das tolle Handy	die tolle Hose	

Mehr über mich

7

Das lernst du

- ★ Vermutungen äußern
- ★ Personen beschreiben
- ★ Das Datum sagen
- ★ Über die Schulzeit sprechen
- ★ Eine Kurzgeschichte verstehen

1 Vermutungen

a Wählt eine Person von Seite 57 aus, beschreibt sie und notiert Vermutungen über sie.

Alter/Klasse
Wie viel Freizeit hat er/sie
   … in der Woche / am Wochenende?
Interessen/Hobbys (Sport/Lesen/…)?
Wie viel Zeit braucht er/sie für die Schule?

Er/Sie sieht … aus.
Ich glaube, er/sie kommt aus …
Vielleicht …
Wir vermuten, dass er/sie (nicht) gerne liest, aber …
Wir glauben nicht, dass …

b Stellt eure Person vor und vergleicht eure Vermutungen.

2 Interview mit Ben, Clara, Yassim und Anna

CD 39   **a Hör zu und markiere die richtigen Zahlen und Orte.**

1. Clara und Ben gehen in die *achte/neunte/zehnte* Klasse.
2. Ben ist seit der *fünften/sechsten/siebten Klasse* in München. Vorher war er in *Augsburg/Aachen*.
3. Yassims Eltern kommen aus *der Türkei / dem Sudan / den USA*.
4. Er hat zum *ersten/zweiten/dritten* Mal auf der Hochzeit von seinem Bruder gesungen.
5. Yassim und Anna gehen in die *zehnte/elfte/zwölfte* Klasse.
6. Anna spielt seit der *vierten/fünften/sechsten* Klasse Schlagzeug.
7. Der nächste Auftritt ist am *sechsten/siebten/achten* September in der Stadthalle.
8. Das ist ein Jubiläum für die Gruppe. Sie spielen zum *zwanzigsten/hundertsten* Mal vor Publikum.

b Was hast du vermutet, was hast du gehört? – Vergleiche.   Ich habe gedacht, dass …, aber …

c Ergänze das „Denk nach".

Denk nach

der/das/die
1. erste	7. siebte	20. zwanzigste
2. zweite	8. achte	21. einundzwanzigste
3. dritte	…	30. dreißig…
4. vier…		100. hundert…
5. fünf…		
6. sechs…	19. neunzehnte	Heute ist der … …

Ordinalzahlen sind einfach. Bis 19 ist die Endung …, ab 20 …

Ordinalzahlen stehen meistens mit dem bestimmten Artikel.

3 Phonetik – Konsonantenhäufungen

CD 40   **a Hör zu. Wie viele Konsonanten treffen zusammen?**

fünfte – elfte – zwölfte – zwanzigste   Drei Konsonanten: n–f–t!

CD 41   **b Hör zu und sprich nach. Sprich langsam und deutlich.**

fünf – die fünfte Stunde   zwölf – die zwölfte Klasse
elf – das elfte Mal   zwanzig – der zwanzigste Dritte

4 Welches Datum ist heute?

Fragt euch gegenseitig.

> Welches Datum ist heute?

> Heute ist der … Und vor einer Woche?

> Vor einer Woche war der …
> Und in zwei Wochen?

> In zwei Wochen ist der … Und in …

5 Wichtige Tage – Wann ist … geboren?

a Lies das „Denk nach" und ergänze.

Denk nach

Datum

Goethe ist am 28. 8. 1749 geboren (am achtundzwanzigsten Achten siebzehnhundertneunundvierzig).

Das Baby ist am 1. 1. 2009 geboren (am ersten Ersten zweitausendneun).

Ich bin am … (…) geboren.

b Ordne den Fotos die Sätze 1–6 und die Geburtsdaten a–f zu.

Greg

Wolfgang Amadeus Mozart

Johann Wolfgang Goethe

Bertha Benz

Angela Merkel

Albert Einstein

1. Zukünftiger Präsident
2. Komponist, musikalisches Wunderkind
3. Politikerin, erste Bundeskanzlerin Deutschlands
4. Dichter und Schriftsteller
5. Die erste Autofahrerin
6. Physiker, Nobelpreisträger

a) 17. 7. 1954 in Hamburg
b) 27. 1. 1756 in Salzburg
c) 14. 3. 1879 in Ulm
d) 28. 8. 1749 in Frankfurt am Main
e) 3. 5. 1849 in Pforzheim
f) 1. 1. 2008 in Traumstadt

c Projekt: Sucht im Internet nach Informationen zu den Personen in 5b.

d Berühmte Leute (Sportler, Sänger …) – Schreibt Rätselfragen und fragt euch gegenseitig.

6 Schulleben

CD 42

a Hör zu und ordne die Bilder den passenden Strophen zu.

b Hör noch einmal und ergänze die Textzeilen 1–5 im Lied.

1. Ich lerne schnell und viel.
2. Ich lerne viel und brav.
3. Ich will ins Leben raus!
4. Wann fängt die Schule an?
5. Wann ist denn endlich Schluss?

Im Kindergarten, Kindergarten, Kindergarten

...

Ich kann, ich kann, ich kann!

...

In der ersten Klasse, zweiten Klasse, dritten Klasse

...

Ich darf, ich darf, ich darf!

...

In der vierten Klasse, fünften Klasse, sechsten Klasse

...

Ich will, ich will, ich will!

...

In der siebten Klasse, achten Klasse, neunten Klasse

....

Ich muss, ich muss ich muss!

...

In der zehnten Klasse, elften Klasse, zwölften Klasse

...

Prüfung, Zeugnis, Ende, aus!

7 Sprechen üben

Hör noch einmal und mach mit.

8 **Wichtige Stationen im (Schul-)Leben**

a Macht ein Assoziogramm
an der Tafel.

Theater spielen
die Note, -n
SCHULZEIT
der Freund, -e
stressig
die Freundin, -nen
die Grundschule

b Lies das „Denk nach" und ergänze die Regel.

Denk nach

Adjektive im Dativ

m	n	f	Plural
am ersten Tag	im letzten Jahr	in der dritt... Klasse	in den ersten Jahren

Regel: Adjektive im Dativ sind einfach: immer ...

c Schreib über deine Schulzeit.

In der ersten Klasse hatten wir eine nette Lehrerin. Sie hat uns
immer geholfen. Nach der vierten Klasse bin ich zum Gymnasium
gegangen. Meine Freundin ist zur Gesamtschule gegangen. Das
war schade. Aber ich habe auch neue Freundinnen gefunden ...

CD 43   **d** Kannst du einen Rap schreiben?

9 **Der wichtigste Tag**

CD 44   **a** Hör zu. Was ist der wichtigste Tag für Clara, Ben, Yassim und Anna? Warum?

Ben: 7. 9. Konzert in der Stadthalle
Yassim:
Clara:
Anna:

b Notiere drei wichtige Tage für dich im Jahr. Frag dann in der Klasse.

Was ist der wichtigste Tag
in diesem Jahr für dich?

Der wichtigste Tag im Jahr ist für mich der ... . Da ist unser Neujahrsfest, ...
Der wichtigste Tag im Jahr für Marianne ist der 31. Oktober. Da hat sie Geburtstag.
Der wichtigste Tag in diesem Jahr ist für mich der ... Da ist die Aufnahmeprüfung.
Der wichtigste Tag im letzten Jahr war ... Da hat meine Schwester geheiratet.

10 Eine Kurzgeschichte

a Im Text findest du diese Verben in der Vergangenheit. Welche Infinitive passen dazu?

Vergangenheit: Präteritum
rannte • ging • machte • bellte • saß • kam • sagte • heulte • sprang • stand • gab • wurde • wollte • suchte • half

Infinitiv
suchen • stehen • rennen • werden • geben • bellen • kommen • sagen • helfen • machen • heulen • springen • gehen • wollen • sitzen

b Lies die Geschichte. Zu welchen Textstellen passen die Bilder?

Karin ist weg

Ich heiße Florian Gerber und bin 16 Jahre alt. Meine Mutter, meine kleine Schwester und ich wohnen in einer Dreizimmerwohnung im vierten Stock von einem Wohnhaus in Bochum. Meine Mutter arbeitet jeden Tag
5 sieben Stunden im Supermarkt. Jeden Morgen bringt sie meine Schwester Karin in den Kindergarten. Ich muss Karin abholen, wenn ich von der Schule nach Hause komme. So war es auch am 23. Mai im letzten Jahr. Diesen Tag vergesse ich nie mehr. Ich hatte eine Stunde später Schule. Meine
10 Mutter und Karin waren schon weg, als ich aufgestanden bin. Ich hatte einen langweiligen Schultag und habe nur darauf gewartet, dass ich wieder nach Hause komme, den Computer anmache und mich mit Silke im Chat treffe.
Aber ich musste noch Karin abholen. Und Karin war an
15 diesem Tag wieder ganz besonders langsam. Als ich zum Kindergarten kam, war sie noch nicht fertig. Dann musste sie jede Blume am Weg genau ansehen und mit jeder Katze sprechen. Ich wurde immer nervöser.
„Jetzt mach schon!", sagte ich, aber dann ging sie noch
20 langsamer. Vom Kindergarten bis zu unserer Wohnung braucht ein normaler Mensch zehn Minuten. Mit Karin braucht man eine halbe Stunde. Am Ende habe ich sie angebrüllt: „Jetzt beeil dich, du blöde Kuh, oder ich lass dich einfach hier stehen!" Da heulte sie: „Ich sag der Mama, dass
25 du so böse zu mir bist." Doofe Ziege!
Endlich waren wir zu Hause. Ich machte unser Essen in der Mikrowelle warm und gab Lobo frisches Wasser – Lobo ist unser Hund, ein Border-Collie. Und dann habe ich den Computer angemacht. Silke war schon im Chat. Silke ist
30 so süß. Man kann so gut mit ihr chatten. Leider wohnt sie 100 km weg von mir.
Zwei Stunden später merkte ich, dass es sehr ruhig war in der Wohnung. Sehr, sehr ruhig! Ich rief: „Karin!", aber sie antwortete nicht. Ich suchte sie in ihrem Zimmer – niemand
35 da. Ich suchte in der Küche, niemand da und ihr Essen war noch in der Mikrowelle. Mist! Ich suchte überall in der Wohnung, im Schrank, unter dem Bett, im Bad und

noch mal im Schrank und auf dem Schrank und noch mal unter allen Betten – nichts, niemand!

40 In einer Stunde, um fünf, wollte meine Mutter zurück sein. Panik! Ich rannte aus dem Haus, suchte die Straße rauf und runter. Ich fragte beim Zeitungskiosk, ich fragte Passanten auf der Straße: „Haben Sie ein kleines, blondes Mädchen mit einer kurzen, braunen Hose gesehen?" Niemand hatte sie gesehen. Ich suchte sie auf dem Spielplatz. Nichts. Noch 30 Minuten, bis Mama zurückkam. Panik!!! Ich rannte zurück zum Haus. Auf der Straße kam mir Lobo

45 entgegen und bellte. Er sprang an mir hoch. Ich klingelte bei allen Nachbarn im ersten Stock, im zweiten und im dritten. Nichts!

Noch 15 Minuten, bis Mama nach Hause kam. Lobo bellte immer lauter. Er stand an der Kellertür, jaulte und kratzte an der Tür. Ich ging zu ihm. Jemand weinte hinter der Tür. „Karin, bist du da?" Keine Antwort, nur ein leises Weinen. Ich rannte hoch, holte den Kellerschlüssel, rannte wieder

50 runter, machte die Tür auf und da saß Karin ganz schmutzig und klein hinter der Tür. Ich war so froh! Ich habe sie umarmt und geküsst.

Sie wollte mich ärgern und hatte sich im Keller versteckt, aber dann hat jemand die Kellertür abgeschlossen.

Noch zehn Minuten, bis Mama zurückkam. Wir rannten in den vierten Stock. Ich half Karin beim

55 Umziehen, versteckte die schmutzigen Kleider und den Teller vom Mittagessen unter meinem Bett. Und schon kam Mama.

„Hallo, Kinder, ich bin wieder da." „Hallo, Mama." „Na, wie war euer Tag?" „Alles prima." „Habt ihr zu Mittag gegessen?" „Ja klar." „Soll ich uns jetzt Abendessen machen oder später?" „Lieber jetzt, wir haben so Hunger!!!"

60 Ich liebe meine Schwester und sie liebt mich auch! Und wir beide lieben Lobo.

Lernen lernen

Neue Wörter ohne Wörterbuch verstehen – fünf Schritte

1. Welche Wörter aus dem Text verstehst du nicht?
2. Markiere fünf neue Wörter, die wahrscheinlich wichtig sind.
3. Finde jemanden in der Klasse, der/die auch eins von diesen Wörtern markiert hat.
4. Diskutiert und ratet. Was bedeutet es vielleicht?
    – Hilft der Kontext (der Text um das Wort herum)?
    Beispiel: *Lobo bellte / Lobo bellte immer lauter – bellen = ???*
    – Helfen deine Muttersprache oder andere Sprachen (z.B. Englisch)?
    Beispiel Englisch: *kindergarten, chat, computer, microwave, supermarket, kitchen, panic, cellar …*
5. Vergleicht in der Klasse. Wer hat die meisten neuen Wörter verstanden?

11 Mit der Geschichte arbeiten – Drei Ideen

1. Idee: Fragen stellen – Schreibt Fragen zur Geschichte und fragt in der Klasse.
2. Idee: Ein anderes Ende – Schreibt die Geschichte ab Zeile 47 neu. Vergleicht in der Klasse.
3. Idee: Szenen spielen – Schreibt Dialoge und spielt sie.

Szene A: Karin und „Ich" auf dem Weg vom Kindergarten nach Hause
Szene B: „Ich" sucht Karin und fragt andere Leute
Szene C: Mutter, Karin und „Ich"

Personen beschreiben

Yassim ist ungefähr 17 Jahre alt.
Er ist groß und hat lange, schwarze Haare.
Er trägt eine blaue Jeans und ein schwarzes T-Shirt.
Er sieht interessant aus.

Vermutungen äußern

Ich glaube, er kommt aus Deutschland.
Er kann wahrscheinlich gut Gitarre spielen.
Wir glauben nicht, dass er gerne zur Schule geht.

Das Datum sagen

Heute ist der 27. 3. 2012.   (siebenundzwanzigste Dritte zweitausendzwölf)
Wann ist Einstein geboren?   Einstein ist am 14. 3. 1879 geboren
                                    (am vierzehnten Dritten achtzehnhundertneunundsiebzig
                                    oder: am vierzehnten März achtzehnhundertneunundsiebzig).

Über die Schulzeit sprechen

In der ersten Klasse hatten wir eine nette Lehrerin. Sie hat uns immer geholfen.
Nach der vierten Klasse bin ich zum Gymnasium gegangen.
Meine Freundin ist zur Gesamtschule gegangen. Das war schade.
Aber ich habe auch neue Freundinnen gefunden.

Außerdem kannst du ...

... eine Kurzgeschichte verstehen.
... das Präteritum von vielen Verben verstehen.

Grammatik   kurz und bündig

Ordinalzahlen
der/das/die

1. erste	7. siebte	20. zwanzigste
2. zweite	8. achte	21. einundzwanzigste
3. dritte	...	30. dreißigste
4. vier...		100. hundertste
5. fünf...		
6. sechs...	19. neunzehnte	Heute ist der ... ...

Ordinalzahlen sind einfach. Bis 19 ist die Endung -te, ab 20 immer -ste.
Ordinalzahlen stehen meistens mit dem bestimmten Artikel.

Adjektive im Dativ

m	n	f	Plural
am ersten Tag	im letzten Jahr	in der dritt... Klasse	in den ersten Jahren

Adjektive im Dativ
sind einfach:
immer -(e)n.

Internetgeschichten: Das rosa Kätzchen

CD 45

Lies und hör den Comic. Spielt und variiert die Szenen.
Schreibt den Dialog am Ende weiter.

Große Pause

Christina

Oliver

Grammatik wiederholen

Spiel: Adjektive vor dem Nomen.

Beschreibt die Bilder genau: Haarfarbe, Haarlänge, Gesicht, Kleidung, Schuhe …

1. Im Akkusativ (ohne Artikel / mit unbestimmtem Artikel):

> Das Mädchen hat lange Haare.

> Das Mädchen hat lange, rote Haare.

> Das Mädchen hat lange, rote Haare und einen schönen Mund.

2. Im Dativ (mit bestimmtem Artikel):

> Der Junge mit der bunten Mütze heißt Oliver.

> Der Junge mit der bunten Mütze und der grünen Weste heißt Oliver.

> Der Junge mit … heißt Oliver.

Sprechen

a Fragen und antworten

Arbeitet zu zweit. A würfelt je zwei Mal. 1. eine Wortkarte und 2. ein Thema. B muss mit dem Fragewort von der Wortkarte eine Frage zum Thema stellen. A antwortet. Dann würfelt B.

⚀ Wie oft …?	**Freundschaft**
⚁ Wie viele …?	**Wetter**
⚂ Wie …?	**Mode** (Kleidung, Schuhe, …)
⚃ Mit wem …?	**Urlaub**
⚄ Was …?	**Beruf**
⚅ Warum …?	**Medien**

⚀ + ⚅
Wie viele + Medien

> Wie viele Lieder hast du auf dem MP3-Player?

> Ich glaube, 4000.

b Auf Situationen reagieren

Was sagen die Personen? Spielt eine von den Situationen vor.

> Es ist …

1  **2** **3**  **4**  **5**  **6**

> Entschuldigung, wie viel Uhr ist es?

Elfchen

a Lies die Regel und Elfchen 1–3. Elfchen 2 musst du ordnen und Elfchen 3 ergänzen.

Ein *Elfchen* ist ein Gedicht aus *11 Wörtern* in *5 Zeilen*.
Es hat diese Form:

1. Zeile: 1 Wort (Gegenstand, Farbe, Verb, …)
2. Zeile: 2 Wörter (was macht oder was/wie ist das Wort aus Zeile 1?)
3. Zeile: 3 Wörter
4. Zeile: 4 Wörter
5. Zeile: 1 Schlusswort

1

*Vanilleeis
vom Italiener:
Ich esse viel,
es ist so lecker
Mmmh!*

2

*und immer zuverlässig.
Dass wir Freunde sind:
Toll!
sportlich, lustig
Norbert,*

3

*Fernsehen.
Mutter schimpft:
Nur .... Stunde!
Sie versteht m............ n............ .
W...............?*

b Bildet Gruppen und sammelt Ideen. Schreibt Elfchen und tragt sie in der Klasse vor.

Wortschatz trainieren

a Was verbindest du mit dem Wetter? Sammle Ideen wie im Beispiel.

KLEIDUNG/SCHUHE
Jacke
…

ESSEN/TRINKEN
…

FARBEN
grau
…

der Regen, es regnet

GEFÜHLE
langweilig
…

JAHRESZEITEN/ MONATE
…

AKTIVITÄTEN
…

b Mach weiter wie in a mit den anderen „Wetterwörtern": die Sonne, der Schnee.

c Schreib fünf Sätze und lies sie deinem Partner / deiner Partnerin vor. Berichtet in der Klasse.

> Wenn es regnet, sieht Thomas fern. Ich gehe oft spazieren. Ich mag den Regen, aber Thomas …

Große Pause

Meine Lieblingsgrammatik

Diese Grammatik habt ihr in diesem Buch gelernt.

a Schreib die Sätze ins Heft und ergänze sie.

1. Possessivartikel im *Dativ*
   Wir sind mit unsere… Auto zu meine… Großeltern gefahren.

2. *es* + Wetterverben
   Gestern hat … den ganzen Tag geregnet und … war kalt.

3. Verbformen: Partizip Perfekt
   trennbare Verben
   Verben mit *ver-, er-, be-*
   Verben auf *-ieren*

   Susanne ist auf die Radtour nicht … (mitkommen)
   Jens hat in den Ferien seine Brieffreundin in Lyon … (besuchen)
   Ich habe auf Martins Party viel … (fotografieren)

4. Nebensätze: *weil/dass*
   Holger sagt, … er Tierarzt werden möchte, … er Tiere mag.

5. Modalverben im *Präteritum*
   Andrea … (wollen) gestern ins Kino mitkommen, aber sie … (können) nicht. Sie hatte Bauchschmerzen und … (müssen) im Bett bleiben.

6. Verben + Personalpronomen im *Dativ*
   Markus hilft … in Physik und ich helfe … in Englisch.
   Maria isst keine Leberwurst. Sie schmeckt … nicht.

7. Vergleiche mit *als/wie*
   Mein Bruder ist 2 Jahre jünger … ich, aber genauso groß … ich.
   Ich lerne … (viel) für die Schule als meine Schwester, aber ihre Noten sind immer … (gut) als meine.

8. Modalverben: *dürfen* und *sollen*
   Mutter: Eric, hörst du nicht? Ich habe gesagt, dass du den Fernseher ausmachen …! Du … erst wieder fernsehen, wenn du Englisch gelernt hast.

9. Nebensätze: *wenn*
   mit / , / du / kommst /
   wenn / heute Abend / wir / gehen / in die Eisdisco / ?

10. *Reflexive* Verben
    Julia freut …, weil sie eine Zwei in Mathe geschrieben hat.

11. *welch-, jed-, dies-*
    Bei welche… Lehrer habt ihr Bio?
    Diese… Fahrrad gehört unserem Kunstlehrer.

12. Adjektive vor dem Nomen
    nach *bestimmtem* Artikel (N+A)
    nach *unbestimmtem* Artikel (N+A)

    – Gefällt dir die schwarz… Hose?
    – Ehrlich gesagt, der schwarz… Minirock gefällt mir besser.
    – Ich möchte in zehn Jahren ein berühmte… Popsänger sein und einen rote… Sportwagen fahren.

13. Ordinalzahlen
    Heute ist der … …
    Ich bin am … … geboren.

14. Adjektive vor dem Nomen
    nach *bestimmtem* Artikel (D)
    nach *unbestimmtem* Artikel (D)

    Wer ist der Junge mit den lange… Haaren?
    Unser Schuldirektor fährt mit einem alte… VW zur Schule.

b Was ist eure ☺-Grammatik? Was ist eure ☹-Grammatik?
Arbeitet zu zweit und macht Aufgaben für
euren Partner / eure Partnerin.

Sucht im Buch Beispielsätze: drei Beispiele für ☺-Grammatik und ein Beispiel für ☹-Grammatik.
Schreibt die Sätze mit einer Lücke ins Heft, euer Nachbar / eure Nachbarin muss die Sätze ergänzen.

Über den Deutschunterricht nachdenken

Was habt ihr in *prima* 3 gelernt? Was könnt ihr noch nicht so gut?

Probiert es zu zweit aus und notiert im Heft: + *kann ich* oder – *muss ich wiederholen* für 1–26.

Im Urlaub hatten wir Pech mit dem Wetter. Es hat viel geregnet.

Einheit 1

1 ... von Ferienerlebnissen erzählen.
2 ... einen Ferienbericht schreiben.
3 ... über das Wetter sprechen.

Ich kann ...

Wir hatten super Wetter. Wir haben den ganzen Tag geschwommen.

Einheit 2

4 ... Vermutungen äußern.
5 ... sagen, was du später machen/werden möchtest.
6 ... über Berufe sprechen.
7 ... etwas begründen.

Was möchtest du werden?

Ich möchte Kameramann werden.

Einheit 3

8 ... über Freundschaft sprechen.
9 ... um Hilfe bitten / Hilfe anbieten.
10 ... Eigenschaften benennen und vergleichen.
11 ... Komplimente machen.

Deine Haare sehen heute echt cool aus.

Findest du?

Einheit 4

12 ... über elektronische Medien sprechen.
13 ... sagen, was man darf / nicht darf.
14 ... Anweisungen weitergeben/wiederholen.
15 ... Sätze mit *wenn* (Bedingung und Zeit) sagen.

Ich darf keine Computerspiele spielen.

Was? Keine Computerspiele spielen? Ich schon.

Einheit 5

16 ... über Gefühle sprechen.
17 ... Regeln (be)schreiben.
18 ... streiten und Kompromisse finden.

Bei einem Streit darf man nicht immer lauter werden.

Man muss auch dem anderen zuhören.

Einheit 6

19 ... sagen, was mir gefällt / nicht gefällt.
20 ... etwas/jemanden beschreiben.
21 ... Einkaufsgespräche führen (Kleidung).
22 ... über eine Statistik sprechen.

Wie findest du den kurzen Rock?

Nicht schlecht.

Einheit 7

23 ... das Datum sagen.
24 ... Vermutungen äußern.
25 ... Personen beschreiben.
26 ... über die Schulzeit sprechen.

Wann ist dein Geburtstag?

Am zwanzigsten Dritten (20. 3.).

Was hat dir Spaß gemacht? Was war für dich langweilig? Über welches Thema möchtest du nochmal sprechen? Was hat dir beim Lernen geholfen? Welche Übungen, Spiele, Aktivitäten findest du am interessantesten?

Große Pause

70   siebzig

Spielen und wiederholen
Alles über mich!

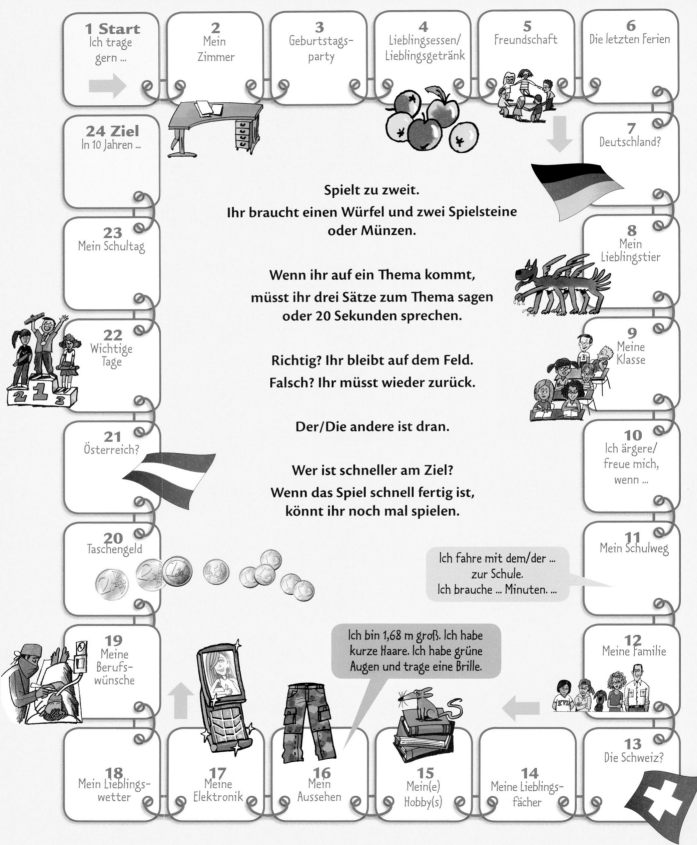

1 Start Ich trage gern …

2 Mein Zimmer

3 Geburtstagsparty

4 Lieblingsessen/ Lieblingsgetränk

5 Freundschaft

6 Die letzten Ferien

7 Deutschland?

8 Mein Lieblingstier

9 Meine Klasse

10 Ich ärgere/ freue mich, wenn …

11 Mein Schulweg

12 Meine Familie

13 Die Schweiz?

14 Meine Lieblingsfächer

15 Mein(e) Hobby(s)

16 Mein Aussehen

17 Meine Elektronik

18 Mein Lieblingswetter

19 Meine Berufswünsche

20 Taschengeld

21 Österreich?

22 Wichtige Tage

23 Mein Schultag

24 Ziel In 10 Jahren …

Spielt zu zweit.

Ihr braucht einen Würfel und zwei Spielsteine oder Münzen.

Wenn ihr auf ein Thema kommt,

müsst ihr drei Sätze zum Thema sagen oder 20 Sekunden sprechen.

Richtig? Ihr bleibt auf dem Feld.

Falsch? Ihr müsst wieder zurück.

Der/Die andere ist dran.

Wer ist schneller am Ziel?

Wenn das Spiel schnell fertig ist, könnt ihr noch mal spielen.

Ich fahre mit dem/der … zur Schule. Ich brauche … Minuten. …

Ich bin 1,68 m groß. Ich habe kurze Haare. Ich habe grüne Augen und trage eine Brille.

Alphabetische Wortliste

Die alphabetische Wortliste enthält alle Wörter dieses Buches mit Angabe der Einheit und der Seite, wo sie zum ersten Mal vorkommen. **Fett** gedruckte Wörter sind der **Lernwortschatz**. Bei Nomen stehen das Artikelzeichen und das Zeichen für die Pluralform. Bei Nomen, die man in Pluralform nicht oder nur selten verwendet, steht *„nur Sg."* Nomen mit Angabe *„nur Pl."* verwendet man nicht oder nur selten im Singular. Artikel in Klammern bedeutet, dass man diese Nomen meistens ohne Artikel verwendet.

Bei starken und unregelmäßigen Verben steht neben dem Infinitiv auch die Präsensform in 3. Person Sg. und die Partizipform. Trennbare Präfixe werden *kursiv* markiert.

Ein . oder ein _ unter dem Wort zeigt den Wortakzent: a = kurzer Vokal, a = langer Vokal.

Im Arbeitsbuch findest du zu jeder Einheit eine detaillierte Auflistung des Lernwortschatzes.

■■ A ■■

Abc-Wortschatzspiel, das, -e KP/29
Abitur, das, nur Sg. 5/44
*ab*schicken 4/33
***ab*schließen, schließt ab, abgeschlossen 7/63**
Abschluss, der, "-e 2/17
Abschlussprüfung, die, -en 2/17
Absicht, die, -en 1/9
ach so 3/22
achten 5/48
Adjektivendung, die, -en 6/52
aggressiv 5/47
ähnlich 4/34
Ahnung, die, nur Sg. 1/9
Aktion, die, -en KP/31
allein 2/17
alles 1/8
als 3/24
Aletschgletscher, der, nur Sg. 1/9
Alpen, die, nur Pl.
altmodisch 6/53
Analyse, die, -n 2/18
anbieten, bietet an, angeboten 3/21
*an*brüllen, jmd. 7/62
andere 3/26
anders 3/26
angezogen 6/55
Angst, die, "-e 5/45
ankommen, kommt an, ist angekommen 1/8
*an*machen 4/34
***an*probieren, probiert an, anprobiert 6/54**
*an*schalten 4/34
*an*sehen, sieht an, angesehen 4/35
Antwort, die, -en 7/63
Arbeit, die, -en 2/15

Arbeitsbuch, das, "-er 5/48
Ärger, der, nur Sg. 5/43
ärgern (sich) 5/41
ärgern jmd. 7/63
Argument, das, -e 6/55
arm 3/23
Armbanduhr, die, -en 6/55
Art, die, -en 4/39
Assoziogramm, das, -e 5/47
ätzend 5/47
***auf*bleiben, bleibt auf, ist aufgeblieben 1/8**
*auf*machen 7/63
Aufnahmeprüfung, die, -en 7/61
*auf*passen 1/10
Aufsatz, der, "-e 4/34
Auftritt, der, -e 7/58
Augenfarbe, die, -n GP/66
Ausbildung, die, nur Sg. 2/17
*aus*bleiben, bleibt aus, ist ausgeblieben 4/33
Ausdruck, der, "-e 1/6
*aus*drucken 4/34
*aus*gehen, geht aus, ist ausgegangen GP/65
Ausland, das, nur Sg. 2/14
*aus*machen 4/34
Äußere, das, nur Sg. 6/55
äußern GP/69
*aus*suchen 6/53
Autofahrerin, die, -nen 7/59
Autostunde, die, -n 1/9

■■ B ■■

Bäckerei, die, -en KP/31
Badezimmer, das, - 5/46
balancieren, balanciert, balanciert 5/44
Band, die, "-e 5/44
Bassgitarre, die, -n 5/45

Bauchschmerzen, die, nur Pl. GP/68
Baustelle, die, -n 2/17
beenden 5/47
Bedingung, die, -en GP/76
beeilen sich 7/62
begründen 2/13
begrüßen, begrüßt, begrüßt 1/8
behalten, behält, behalten 4/39
Behinderung, die, -en 5/45
beide KP/29
Beispiel, das, -e 2/19
Bekleidung, die, nur Sg. 6/55
bellen 7/62
benennen, benennt, benannt 3/21
Bergführer, der, - 1/8
Berggasthaus, das, "-er 1/8
Bergtour die, -en 1/9
Bericht, der, -e 2/16
Berufsausbildung, die, nur Sg. 2/17
Berufsleben, das, nur Sg. 2/16
Berufsschule, die, -en KP/32
Berufswunsch, der, "-e KP/29
berühmt 2/14
beschimpfen, beschimpft, beschimpft 5/47
besetzt 5/46
besonder- 5/44
besonders 5/44
Beste, der/das/die, -n 5/46
bestimmt 3/26
betont 5/46
Betrieb, der, -e 2/16
Betriebspraktikum, das, -praktika 2/16
bieten, bietet, geboten 5/44
Bildschirm, der, -e 4/34
bitten, bittet, gebeten 3/21
blind 5/44
Blindenschrift, die, nur Sg. 5/44

Blindenschule, die, -n 5/45
Blog, der, -s 1/8
blond 7/63
Bockwurst, die, "-e KP/31
blaugrau 6/53
braun 6/54
brav 7/60
Brief, der, -e 4/35
Buchstabe, der, -n KP/29
bügeln 4/37
Bundeskanzlerin, die, -nen 7/59

C

Café, das, -s GP/65
Campingplatz, der, "-e 1/9
Chaos, das, nur Sg. 2/18
Charts 4/33
Chat, der, -s 4/38
Chatfreund, der, -e GP/65
checken 4/34
Chef, der, -s 2/15
Chefin, die, -nen 2/15
Chor, der, -e 5/44
computersüchtig 4/38
Computerverbot, das, -e 4/37

D

danach 1/8
dann 5/43
darauf 7/62
darüber 4/35
dass 3/21
Datei, die, -en 4/33
Datum, das, Daten 7/57
dauernd 4/38
denken, denkt, gedacht 7/58
deprimiert 1/6
Design, das, -s 6/49
deutlich 7/58
Deutscharbeit, die, -en 3/21
Deutschnote, die, -n 2/19
Deutschunterricht, der, nur Sg. GP/69
Dichter, der, - 7/59
die meisten 4/35
direkt 2/15
dirigieren 5/45
diskutieren, diskutiert, diskutiert 3/22
Display, das, -s 6/49
doof 7/62
dran sein GP/70
drinnen 2/15
Drei, die, -en 3/22
Dreizimmerwohnung, die, -en 7/62

dumm 3/23
dunkel 4/34
dürfen, darf, gedurft/dürfen 4/34
Dusche, die, -n 5/46

E

eben 5/46
effektiv KP/32
egal 6/55
egoistisch 3/23
Ehrgeiz, der, nur Sg. 3/27
ehrlich 3/23
Eigenschaft, die, -en 3/23
Eiger, der, nur Sg. 1/9
Eigenverantwortung, die, nur Sg. 3/27
*ein*fallen, fällt ein, ist eingefallen 4/34
*ein*kaufen 4/34
Einkaufsgespräch, das, -e GP/76
*ein*packen 1/9
*ein*verstanden 5/47
Einwohner, der, - 1/9
Eis, das, nur Sg. 1/8
Eisdisco, die, -s GP/68
Elektrikerlehre, de, -n 2/17
elektrisch 4/34
Elektronik, die, nur Sg. GP/70
elektronisch 4/33
Elfchen, das, - GP/67
empfangen, empfängt, empfangen 4/36
energisch 4/37
entfernt 1/9
*entgegen*kommen 7/63
entscheiden, entscheidet, entschieden 5/45
entschuldigen (sich) 5/47
Erdgeschoss, das, nur Sg. 1/11
ergänzen 1/6
erkennen, erkennt, erkannt 3/23
erklären, erklärt, erklärt 2/15
erlauben, erlaubt, erlaubt 4/34
Erlebnis, das, -se 1/5
erreichen 2/18
erst 4/38
Erzieher/in, der/die, -/-nen 2/15
europäische Schule, die, -en 5/44
Europäische Union, die, nur Sg. 4/34

F

Fach, das, "-er 5/44
Fachwerkhaus, das, "-er 5/44
Fähigkeit, die, -en 5/44
Familienleben, das, nur Sg. 3/27
Feld, das, -er GP/70

Felsen, der, - 1/9
Ferien, die, nur Pl. 1/5
Ferienbericht, der, -e GP/69
Ferienerlebnis, das, -se 1/5
*fern*sehen, sieht fern, ferngesehen 4/36
Fernseher, der, - 4/33
Fernsehprogramm, das, -e 4/36
Fernsehsendung, die, -en 4/39
Fernsehserie, die, -n 4/39
Fernsehverbot, das, -e 4/37
*fest*legen 2/18
filmen 2/15
Firma, die, Firmen 6/55
Fleiß, der, nur Sg. 3/27
fleißig 3/23
Fragen stellen 2/18
Fremdsprache, die, -n 2/14
Freude, die, -n 5/43
freuen (sich) 5/41
Freundschaft, die, -en 3/21
Freundschaftsposter, das, - 3/27
Friseur/in, der/die, -e/nen 2/15
Frisur, die, -en 3/25
fühlen (sich) 5/41
führen GP/76
Funktion, die, -en 6/49

G

Gasthaus, das, "-er 1/8
Gärtner/in, der/die, -/-nen 2/15
geboren 7/59
Geburtstagsparty, die, -s GP/70
Geburtsdatum, das, -daten 7/59
gefallen, gefällt, gefallen 6/49
gefährlich GP/65
gegenseitig 7/59
Gegenstand, der, "-e GP/67
gehören, gehört, gehört 6/55
gemeinsam KP/29
Gemeinsamkeit, die, -en 6/50
genug 2/18
gepunktet 6/53
gerade eben 5/46
Gerät, das, -e 4/34
Gesamtschule, die, -n 7/61
Gesetz, das, -e 3/27
Gesicht, das, -er 6/55
Gesichtpflege, die, nur Sg. 6/55
Geschmack, der, nur Sg. 6/49
Geste, die, -n 3/24
gestreift 6/53
gestylt 6/55

gewinnen, gewinnt, gewonnen 5/42
gigantisch 1/6
Gigabyte, das, -/-s 6/51
Gipfel, der, - 1/9
glatt 6/53
Glück, das, nur Sg.
glücklich 2/13
gleich 3/22
Grafik, die, nur Sg. 6/55
Griechenland, (das), nur Sg. KP/32
grüngelb KP/31
gucken 5/42

H

Haarfarbe, die, -n GP/66
Haarlänge, die, -n GP/66
Haarpflege, die, nur Sg. 6/55
Hälfte, die, -n 4/34
halten, hält, gehalten 4/34
handwerklich 2/17
hässlich 3/23
Hauptsatz, der, "-e 2/14
Hauptstadt, die, -städte 1/9
Hausaufgabenheft, das, -e 5/42
Hausfrau, die, -en 2/15
heiraten 7/61
helfen, hilft, geholfen 2/13
Hemd, das, -en 6/50
herzlich 2/16
heulen 7/62
Hilfe, die, -n 2/18
hinauf 1/8
hinfallen, fällt hin, ist hingefallen 1/9
hinlegen 5/46
Hochzeit, die, -en 7/58
hoffen 2/13
Hoffnung, die, -en 2/13
höflich KP/30
holen 7/63
Homepage, die, -s 4/34
Hörtext, der, -e 2/19
Hütte, die -n 1/8
Hüttenwirt, der, -e 1/8

I

Idee, die, -n 1/9
Interesse, das, -n 7/58
interessieren, interessiert,
    interessiert 5/45
Internat, das, -e 5/44
Internetgeschichte, die, -n GP/65
ist geboren 7/59

J

jammern 1/9
jaulen 7/63
je drei KP/30
Journalist/in, der/die, -en/-en 2/15
Jubiläum, das, -läen 7/58
Jugendgruppe, die, -n 1/9
jung 3/23
Jungfraujoch, das, nur Sg. 1/8

K

Kabel, das, - 2/17
kalt 1/7
Kamerafrau, die, -en 2/15
Kameramann, der, -männer/-leute 2/15
kaputt 2/19
kaputtmachen 5/43
kariert 6/53
Kätzchen, das, - GP/65
kaufmännisch 2/17
Keller, der, - 7/63
Kellerschlüssel, der, - 7/63
Kellertür, die, -en 7/63
kennen, kennt, gekannt 2/15
Kerze, die, -n 4/34
Kilometer, der, - 2/18
Kindergarten, der, "- 7/57
Kinderheim, das, -e KP/31
Klassenarbeit die, -en 2/18
Klassenausflug, der, "-e 4/34
Klassenparty, die, -s KP/32
Klassik, die, nur Sg. 3/24
klar 5/47
Klima, das, -s 1/7
knapp 1/9
Kochtopf, der, "-e KP/31
Komparativ, der, -e 3/24
Kompliment, das, -e 3/21
kompliziert 6/50
Komponist, der, -en 7/59
Kompromiss, der, -e 5/41
Konsonantenhäufung, die, -en 7/58
Kontakt, der, -e 2/27
Kontext, der, -e 7/63
Kontrolle, die, -n 4/34
kontrollieren, kontrolliert, kontrolliert 2/15
kräftig 5/43
Krankengymnastin, die, -nen 2/17
kratzen 7/63
Kreativität, die, nur Sg. 3/27
Krimi, der, -s 4/39
Kummerkasten, der, - 4/38
Kunstlehrer, der, - GP/68

Kurzgeschichte, die, -n 7/57
Kurzvortrag, der, "-e 2/17
küssen 7/63

L

laut 5/43
Leben, das, - 4/33
lebenspraktisch 5/44
Leberwurst, die, "-e GP/68
lecker GP/67
legen 2/17
Lehre, die, -n 2/17
leicht 2/15
Leistung, die, -en 7/61
Leute, die, nur Pl. 3/26
Lernkartei, die, -en 2/19
Licht, das, -er 4/34
lieben 3/22
Lieblingsessen, das, nur Sg. GP/70
Lieblingsgetränk, das, -e GP/70
Lieblingslied, das, -er 4/34
Lieblingsradiosender, der, - 4/34
los sein 1/6
lösen 3/26
losgehen, geht los, ist losgegangen 1/9
Lücke, die, -n GP/68

M

mailen 4/34
männlich KP/32
Mannschaft, die, -en 5/42
Marke, die, -n 6/55
Markenprodukt, das, -e 6/55
Markenzeichen, das, nur Sg. 6/49
markiert KP/31
Marktplatz, der, "-e KP/31
Mathearbeit, die, -en 6/51
Medien, die, nur Pl. 4/33
mehr als 5/44
Mehrheit, die, -en 6/55
mehrmals 4/35
Meinung, die, -en 5/47
merken 4/34
Mikrowelle, die, -n 7/62
Mimik, die, nur Sg. 5/43
Minirock, der, "-e GP/68
mischen 3/26
mit Absicht 1/9
mitarbeiten 2/16
mitgehen, geht mit,
    ist mitgegangen 4/34
mitsprechen, spricht mit,
    mitgesprochen 7/60

mittelalterlich 5/44
mittlere Reife, die, nur Sg. 2/17
Mobilität, die, nur Sg. 5/44
Modalverb, das, -en 2/17
modisch 6/49
Mönch, der 1/8
Mönchsjochhütte, die, nur Sg. 1/8
Mond, der, -e 2/14
Motorrad, das, "-er 3/25
Mountainbike, das, -s 6/50
MP3-Datei, die, -en 4/35
Münze, die, -n KP/32
musikalisch 7/59
Musikschule, die, -en 5/45

N

Nachricht, die, -en 4/39
*nach*schlagen, schlägt nach,
  nachgeschlagen 3/23
Nächste, der/das/die 7/58
Nebensatz, der, "-e 2/14
negativ 1/6
nervig 1/6
nervös 3/25
Neujahrfest, das, -e 7/61
nichtblind 4/45
nicken 1/9
Nobelpreisträger, der, - 7/59
Norden, der, nur Sg. 1/5
nördlich 5/44
Note, die, -n 3/22
Notebook, das, -s 4/34
nutzen 4/35

O

öffentlich 4/36
öffnen 4/35
Ohrhörer, der, - 4/34
Operation, die, -en 2/15
optimistisch 3/23
Ordinalzahl, die, -en 7/58
ordnen 5/44
Ordnung, die, nur Sg. 3/27
organisieren, organisiert, organisiert
  KP/31
Orientierung, die, nur Sg. 5/44
Osten, der, nur Sg. 1/5
Outfit, der, nur Sg. 6/55

P

Panik, die, nur Sg. 7/63
Parfüm, das, -e/-s 6/55
Partizip, das, -ien 1/10

Partnerschaft, die, -en 3/27
Passant, der, -en 7/63
passend 6/55
passieren, passiert, ist passiert 1/9
Pech, das, nur Sg. 1/7
pessimistisch 3/23
Pfannkuchen, der, - KP/31
Physiker, der, - 7/59
Pinakothek der Moderne 6/49
Platz, der, "-e 2/19
Plan, der, "-e 2/13
Politikerin, die, -en 7/59
Popmusik, die, nur Sg 3/24
Popsänger/in, der/die, -/nen 2/14
Porsche, der, nur Sg. 6/49
positiv 1/6
Praktikum, das, Praktika 2/16
Praktikumsplatz, der, "-e 2/16
praktisch 2/17
Präsentation, die, -en 2/18
Präsentationsabend, der, -e 2/16
präsentieren, präsentiert,
  präsentiert 5/45
Präsident, der, -en 7/59
Präteritum, das, nur Sg. 2/17
Priorität, die, -en 2/18
privat 4/36
Problemfach, das, "-er KP/29
Produkt, das, -e 6/55
Profisportler/in, der/die, - 2/14
Prüfung, die, -en 7/60
Publikum, das, nur Sg. 7/58
Punkt, der, -e 6/53
pünktlich 1/8

Q

Quatsch, der, nur Sg. 3/26
Quelle, die, -n 3/27

R

Rad fahren, fährt Rad,
  ist Rad gefahren 2/18
Radio, das, -s 4/34
Radioprogramm, das, -e 4/36
Radtour, die, -en GP/68
Ratschlag, der, "-e 2/19
Rätselfrage, die, -n 7/59
rauf 7/63
raus 7/60
recht haben 3/26
reden 3/25
Referat, das, -e 4/37

reflexiv 5/42
Reflexivpronomen, das, - 5/42
Regen, der, nur Sg. 1/7
Regenbogen, der, "- KP/31
Region, die, -en 1/9
regnen 1/7
reich 2/14
Reisen, das, nur Sg. 2/14
reisen, reist, ist gereist 2/14
rennen, rennt, ist gerannt 7/63
Rhythmus, der, Rhythmen 1/10
Rock, der, "-e 3/26
Rolle, die, -n 6/55
rosa GP/65
Rot, das, nur Sg. 6/56
Ruhe, die, nur Sg. 4/33
rückwärts 2/18
runter 7/63
*runter*laden, lädt runter,
  runtergeladen 4/35

S

Sänger, der, - 7/59
sauber machen 2/17
Satelit, der, -en 4/36
Schalter, der, - 2/17
Schatz, der, "-e 4/33
Schauspieler/in, der/die, -/nen 2/14
scheinen, scheint, geschienen 1/7
scheußlich 1/6
schimpfen GP/67
Schlagzeug, das, -e 7/58
schlichten 5/47
schließen, schließt, geschlossen 4/35
Schloss, das, "-er 5/44
Schluss, der, "-e 4/37
Schlüssel, der, - 7/63
Schlusswort, das, "-er GP/67
Schmuck, der, nur Sg. 6/55
schmutzig 7/63
Schnee, der, nur Sg. 1/7
schneien 1/7
schrecklich 1/6
Schreiber/in, der/die, -/-nen KP/29
Schriftsteller, der, - 7/59
Schritt, der, -e 2/18
Schuh, der, -e 6/49
Schulband, die, "-s KP/31
Schuldirektor, der, -en GP/68
Schüleraustausch, der, nur Sg. 5/44
Schulleben, das, nur Sg. 7/60
Schulzeit, die, -en 7/57
sehbehindert 5/44

seit 7/58
Sekretär/in, der/die, -e/-nen 2/15
selbstgemacht KP/31
selbständig 5/44
selten 4/35
Sender, der, - 4/36
Sendung, die, -en 4/39
Senf, der, -e KP/31
sicher 3/22
Sicherheit, die, -en 6/55
Silbe, die, -n 1/10
Skaterpark, der, -s 3/21
Smartboard, das, nur Sg. 4/34
sollen, soll, gesollt/sollen 4/33
Sonnenbrille, die, -n 6/53
Sorge, die, -n 4/38
sorry GP/65
Spalte, die, -n 6/53
Spanien, (das), nur Sg. KP/32
Spielplatz, der, "-e 7/63
Spielstein, der, -e GP/70
Spielzeit, die, -en 6/53
Sportlehrerin, die, -nen KP/32
Sportler, der, - 7/59
sportlich 3/24
Sportsendung, die, -en 4/39
Sportwagen, der, - 6/50
Sprechblase, die, -n 6/50
springen, sprang, ist gesprungen 7/63
Spülmaschine, die, -n 4/37
Städtetour, die -en 1/6
Stadthalle, die, -n 7/58
starten 4/35
stehen 6/54
steigen, steigt, ist gestiegen 1/8
stellen 2/18
still KP/29
stimmen 3/22
stinklangweilig 1/6
stinksauer 5/47
Streichholz, das, "-er 4/34
Streit, der, nur Sg. 5/46
Streitdialog, der, -e 5/48
streiten, streitet, gestritten 5/41
streng KP/32
stressig 7/61
Stromausfall, der, "-e 4/34
Strophe, die, -n 3/27
stundenlang 4/38
Styling, das, nur Sg. 6/55
Suchwort, das, "-er 4/39
Sudan, der, nur Sg. 7/58

Süden, der, nur Sg. 1/5
superschnell 6/57
surfen 4/35

■■ T ■■

täglich 4/35
Tal, das, "-er 1/9
Talkshow, die, -s 4/39
Team, das, -s/-e 4/38
Technik, die, nur Sg. 2/15
Technikwort, das, "-er 4/34
Teil, der, -e 1/9
Tennisprofi, der, -s KP/32
theoretisch 2/17
Tierärztin, die, -nen KP/32
Tierfilm, der, -e 4/39
Tipp, der, -s 2/18
tolerant 3/23
Ton, der, "-e 4/33
Tonfall, der, nur Sg. 5/43
Tor, das, -e 5/41
Touristikkauffrau, die, -en 2/15
Touristikkaufmann, der, -leute 2/15
Treffpunkt, der, -e 1/8
Trick, der, -s 2/18
Treppe, die, -n 5/44
treu 3/23
Triathlon, der, nur Sg. 2/18
trinken, trinkt, getrunken 1/8
trocken 1/7
Turnschuh, der, -e 6/49

■■ U ■■

überall 7/62
übernachten 1/6
umarmen 7/63
Umlaut, der, -e 3/24
Umlautform, die, -en 3/24
Umziehen, das, nur Sg. 7/63
Unabhängigkeit, die, nur Sg. 3/27
unbedingt 3/22
unbestimmt G/P/68
unehrlich 3/26
ungemütlich 3/23
Universität, die, -en 5/44
Universitätsstadt, die, "-e
unordentlich 3/23
unsicher 5/45
unsportlich 3/23
unsympatisch 3/23
Unterschied, der, -e 4/38
unvorsichtig 3/23

unzuverlässig 3/23
Urlaub, der, -e KP/30
usw. 6/55

■■ V ■■

Vanilleeis, das, nur Sg. GP/67
Verbot, das, -e 4/37
verkaufen, verkauft, verkauft 6/51
verlassen, verlässt, verlassen 4/38
vermuten 2/13
Vermutung, die, -en 1/6
verraten, verrät, verraten 1/9
verstecken, versteckt, versteckt 7/63
Verstehen das, nur Sg. 5/43
verstehen, versteht, verstanden 3/21
Versuch, der, -e 5/45
verteilen 3/26
verzichten (auf etwas) 4/38
Vibrationsalarm, der, -e 4/34
Video, das, -s 6/49
Viertausender, der, - 1/8
Villa, die, Villen 2/14
voll ätzend 5/47
*vor*kommen, kommt vor, ist vorgekommen 4/39
vorsichtig 3/23
Vorsilbe, die, -n 1/10
Vortrag, der, "-e 4/34
VW (Volkswagen), der, nur Sg. GP/68

■■ W ■■

wahr 4/33
wahrscheinlich 1/6
warm 1/7
warum 3/21
weg 7/62
wegen 4/38
***weg*gehen, geht weg, ist weggegangen 4/36**
*weg*nehmen, nimmt weg, weggenommen 6/51
***weh*tun, tut weh, wehgetan 1/9**
weiblich KP/32
Weihnachtsbasar, der, -s KP/31
Weihnachtsbaum, der, "-e KP/31
Weihnachtsferien, die, nur Pl. KP/30
Weihnachtskarte, die, -n KP/31
Weihnachtslied, das, -er KP/31
Weihnachtsmann, der, nur Sg. KP/31
weil 2/13
weinen 4/38
weitergeben, gibt weiter, weitergegeben GP/76

**weitergehen, geht weiter,
ist weitergegangen** 1/9
Weltnaturerbe, das, nur Sg. 1/9
Weltraum, der, nur Sg. 2/14
wenn 4/39
Werbung, die, -en 4/39
werden, wird, ist geworden 2/13
werfen, wirft, geworfen KP/32
Wert, der, -e 6/55
Westen, der, nur Sg. 1/5
Wetter, das, nur Sg 1/5
Wetterbericht, der, -e 4/39
Wetterwort, das, "-er GP/67
Wohngruppe, die, -n 5/44
Wohnhaus, das, "-er 7/62
Wohnheim, das, -e 5/44
Wohnzimmer, das, - 5/46

Wortfeld, das, -er 4/34
Wortschatzspiel, das, -e KP/29
wunderbar 1/6
Wunderkind, das, -er 7/59
Wunsch, der, "-e 1/9
Würfel, der, - GP/70
Würfelspiel, das, -e 6/53

▦ ▦ Y ▦ ■

Yoga, der/das, nur Sg. 4/34

▦ ▦ Z ▦ ■

Zahn, der, "-e 2/15
**Zahnarzt/ärztin, der/die,
-ärzte/-nen 2/15**
Zahnbürste, die , -n 4/34
Zähneputzen, das, nur Sg. 4/34

Zahnradbahn, die, -en 1/8
Zeichentrickserie, die, -n 4/39
Zeichnung, die, -en 2/14
Zeitungskiosk, der, -e 7/63
Ziege, die, -n 7/62
Ziel, das, -e 2/18
zu Mittag essen 7/63
zuerst 5/46
zukünftig 7/59
**zurückkommen, kam zurück,
ist zurückgekommen 7/63**
Zusammenleben, das, nur Sg. 5/41
zusätzlich 5/44
zuschauen 2/16
zuverlässig 3/23

Infinitiv	Präsens – 3. Person Sg. er/es/sie	Perfekt – 3. Person Sg. er/es/sie
abhauen	haut ab	**ist** abgehauen
abschreiben	schreibt ab	hat abgeschrieben
anfangen	fängt an	hat angefangen
anrufen	ruft an	hat angerufen
ansehen	sieht an	hat angesehen
aufschreiben	schreibt auf	hat aufgeschrieben
aufstehen	steht auf	**ist** aufgestanden
aussehen	sieht aus	hat ausgesehen
aussprechen	spricht aus	hat ausgesprochen
austragen	trägt aus	hat ausgetragen
beginnen	beginnt	hat begonnen
beißen	beißt	hat gebissen
bekommen	bekommt	hat bekommen
benennen	benennt	hat benannt
beschreiben	beschreibt	hat beschrieben
bieten	bietet	hat geboten
bitten	bittet	hat gebeten
bleiben	bleibt	**ist** geblieben
brennen	brennt	hat gebrannt
bringen	bringt	hat gebracht
dabeihaben	hat dabei	hat dabeigehabt
denken	denkt	hat gedacht
dürfen	darf	hat gedurft
einladen	lädt ein	hat eingeladen
einschlafen	schläft ein	**ist** eingeschlafen
eislaufen	läuft eis	**ist** eisgelaufen
empfangen	empfängt	hat empfangen
entscheiden	entscheidet	hat entschieden
erfinden	erfindet	hat erfunden
erraten	errät	hat erraten
essen	isst	hat gegessen
fahren	fährt	**ist** gefahren
fallen	fällt	**ist** gefallen
fernsehen	sieht fern	hat ferngesehen
finden	findet	hat gefunden
fliegen	fliegt	**ist** geflogen
fressen	frisst	hat gefressen
geben	gibt	hat gegeben
gehen	geht	**ist** gegangen
gewinnen	gewinnt	hat gewonnen
haben	hat	hat gehabt
halten	hält	hat gehalten
hängen	hängt	hat gehangen
heißen	heißt	hat geheißen
helfen	hilft	hat geholfen
herausfinden	findet heraus	hat herausgefunden
kennen	kennt	hat gekannt
kommen	kommt	**ist** gekommen
können	kann	hat gekonnt
lassen	lässt	hat gelassen

Infinitiv	Präsens – 3. Person Sg. er/es/sie	Perfekt – 3. Person Sg. er/es/sie
laufen	läuft	**ist** gelaufen
leiden	leidet	hat gelitten
lesen	liest	hat gelesen
liegen	liegt	hat gelegen
mitbringen	bringt mit	hat mitgebracht
mitkommen	kommt mit	**ist** mitgekommen
mitnehmen	nimmt mit	hat mitgenommen
mögen	mag	hat gemocht
müssen	muss	hat gemusst
nachdenken	denkt nach	hat nachgedacht
nachsprechen	spricht nach	hat nachgesprochen
nehmen	nimmt	hat genommen
nennen	nennt	hat genannt
raten	rät	hat geraten
reiten	reitet	**ist** geritten
rennen	rennt	**ist** gerannt
riechen	riecht	hat gerochen
rufen	ruft	hat gerufen
scheinen	scheint	hat geschienen
schlafen	schläft	hat geschlafen
schließen	schließt	hat geschlossen
schreiben	schreibt	hat geschrieben
schwimmen	schwimmt	hat/**ist** geschwommen
sehen	sieht	hat gesehen
singen	singt	hat gesungen
sitzen	sitzt	hat gesessen
sollen	soll	hat gesollt
sprechen	spricht	hat gesprochen
springen	springt	**ist** gesprungen
stattfinden	findet statt	hat stattgefunden
stehen	steht	hat gestanden
steigen	steigt	**ist** gestiegen
streiten	streitet	hat gestritten
tragen	trägt	hat getragen
trinken	trinkt	hat getrunken
verbinden	verbindet	hat verbunden
vergessen	vergisst	hat vergessen
vergleichen	vergleicht	hat verglichen
verlassen	verlässt	hat verlassen
verlieren	verliert	hat verloren
verraten	verrät	hat verraten
verstehen	versteht	hat verstanden
vorgehen	geht vor	**ist** vorgegangen
vorlesen	liest vor	hat vorgelesen
waschen	wäscht	hat gewaschen
wehtun	tut weh	hat wehgetan
weiterlesen	liest weiter	hat weitergelesen
werden	wird	**ist** geworden
werfen	wirft	hat geworfen
wissen	weiß	hat gewusst
wollen	will	hat gewollt

Bildquellen

Umschlagfoto – Anke Schüttler; S. 05 (1) – fotolia; S. 05 (2) – fotolia / Herbert Kratky; S. 05 (3) – fotolia / Yuri Arcurs; S. 05 (4) – Ullstein Bild; S. 05 (5) – Lutz Rohrmann; S. 06 – Fraus Verlag / Karel Brož; S. 07 (1) – fotolia / Michal Kolodziejczyk; S. 07 (2) – fotolia / Benoit Campagne; S. 07 (3) – Fraus Verlag / Karel Brož; S. 08 (A) – fotolia / Herbert Rubens; S. 08 (B, C) – Cyrill Rüegger; S. 08 (D) – fotolia / Benjamin Haas; S. 09 (E) – photocombo.com; S. 09 (unten links) – fotolia / Detlef Menzel; S. 09 (unten rechts) – Juraj Kaman; S. 13, 14 – Fraus Verlag / Karel Brož; S. 15 (1, 2, 5, 7) – Fraus Verlag / Karel Brož; S. 15 (3, 4) – photocombo.com; S. 15 (6) – fotolia / Lajos Répási; S. 15 (8) – fotolia / Mike Watson Images Limited.; S. 15 (unten), 16 – Fraus Verlag / Karel Brož; S. 17 (oben) – Fraus Verlag / Eva Hajšmanová; S. 17 (unten) – Max-Color / Markus Hannes; S. 18-23 – Fraus Verlag / Karel Brož; S. 24 – Fraus Verlag / Věra Frausová; S. 24 (unten) – Fraus Verlag / Karel Brož; S. 27 (1, 3) – Fraus Verlag / Eva Hajšmanová; S. 27 (2) – fotolia / Galina Barskaya; S. 27 (4) – photocombo.com; S. 29 (Collage) – Milena Zbranková; S. 29 (unten) – Fraus Verlag / Karel Brož; S. 30 (oben) – photocombo.com; S. 30 (unten), 31 (1), 35 – Fraus Verlag / Karel Brož; S. 31 (2) – Lutz Rohrmann; S. 36 (1) – Fraus Verlag / Milada Hartlová; S. 36 (2) – MVČR; S. 36 (unten) – Fraus Verlag / Karel Brož; S. 37, 38 (1) – Fraus Verlag / Eva Hajšmanová; S. 38 (2, 3), 39, 41 (B) – Fraus Verlag / Karel Brož; S. 41 (A) – Věra Frausová; S. 41 (C) – fotolia / Diego Cervo; S. 41 (D, E) – Fraus Verlag / Eva Hajšmanová; S. 43 – Fraus Verlag / Karel Brož; S. 44-46 – Carl-Strehl-Schule; S. 44 (E) – Pressestelle der Philipps-Universität Marburg / Markus Farnung; S. 47 – Fraus Verlag / Věra Frausová; S. 49 (A) – 2008 Apple Inc.; S. 49 (B) – photocombo.com; S. 49 (C) – fotolia / SaNa; S. 49 (D) – Die Neue Sammlung / A. Laurenzo, Museum für angewandte Kunst / Design in der Pinakothek der Moderne, München; S. 49 (E) – fotolia / Eric Isselée; S. 49 (F) – Porsche Inter Auto CZ spol. s r.o., Praha - Porsche AG / Stefan Warter; S. 53 – Fraus Verlag / Věra Frausová; S. 54 – Fraus Verlag / Karel Brož; S. 55 – Quelle, ELON classic fashion, fotolia / Alx; S. 57 – photocombo.com; S. 57 (unten rechts) – fotolia / MatMedia; S. 59 (1) – http://en.wikipedia.org/ Barbara Krafft; S. 59 (2) – HYPERLINK „http://www.sternenfall.de" http://www.sternenfall.de; S. 59 (3) – Karel Brož; S. 59 (4) – ČTK; S. 59 (5) – ČTK/AP / Murad Sezer; S. 59 (6) – Mercedes-Benz Museum, Stuttgart; S. 60 (A) – photocombo.com; S. 60 (B) – Fraus Verlag / Karel Brož; S. 60 (C) – A Promotion agency; S. 61 – Fraus Verlag / Věra Frausová; S. 66 – photocombo.com; S. 67 – fotolia / Sergei Didyk.

Für die freundliche Unterstützung bedanken sich Verlag und Autoren bei Herrn Klaus Berold und bei den Schülerinnen und Schülern der Carl-von-Linde-Realschule in Kulmbach.